「日本」、あるいは「日本人」に言いたいことは？

第二回・「世界の日本語学習者『日本語作文コンクール』」

（応募＝62カ国・地域から6,793編）

入賞作文　65編（29カ国・地域）

一等賞・2人　二等賞・10人　三等賞・52人　特別賞・1人

元・朝日新聞記者
大森和夫・大森弘子　主催・編著

日本僑報社

はじめに

平成30年（２０１８年）に実施した【第２回・世界の日本語学習者『日本語作文コンクール』。テーマ＝**「日本」、あるいは「日本人」に言いたいことは？**】（後援＝日本国際教育支援協会。国際交流基金。外務省。文部科学省。朝日新聞社）に、「62カ国・地域から６７９３編」の応募があり、「応募作文」を、次の手順で、審査しました。

①２人（大森和夫・弘子）が２台のパソコンで、メールによる「応募作文」を整理し、すべての作文に目を通し、並行して「予備審査」を行い、約５分の１に絞る。ほかに、郵送による「応募作文」の中から、「入賞候補作文の候補」を選んで、パソコンに入力。

②それらを読み直して、約５００編に絞ってから、内容に関する疑問や確認事項を応募者・指導教師にメールで問い合わせ、「テーマが重複しないように」、「出来るだけ多くの国・地域から入賞者を出す」など、を基準に、「入賞候補作文・90編」を決定。

（注・これまで23回実施した『日本語作文コンクール』の「一次審査」は、ほぼ同じ要領。すべての作文に目を通して、同じ基準で、公平に「入賞候補」を決めるため）。

③「入賞候補作文」90編をコピーして、５人の「二次審査員」に郵送。

５人の「二次審査員」の採点の合計で、入賞者の順位を決定。５人の「二次審査員」の「採点表」には、「一言」が書き添えてあった。

・「いずれもすぐれた作品だと思いますが、泣く泣く5段階にしました」
（氏岡真弓＝朝日新聞編集委員）

・「審査は本当に難しかったですね。いずれの作文もほとんど甲乙つけがたく、特に80点以上の点数となった作文は僅差をつけるのも困難でした」
（川村 恒明＝元・文化庁長官。現・〈公財〉日本ナショナルトラスト副会長）

・「今回の作品は粒ぞろいなので、大変楽しく拝見いたしました」
（高媛＝駒澤大学グローバル・メディア・スタディーズ学部教授）

・「一次審査を経た作文はどれも、文章か中身か、あるいはその双方とも立派なものだと感心しました」
（野村彰男＝元・朝日新聞アメリカ総局長。
現・非営利活動法人「青少年育成支援フォーラム」理事長）

・「世界の学生たちの日本語作文、いずれもみごとな作品で感銘するばかりです」
（早野透＝政治コラムニスト、桜美林大学名誉教授）

《敬称略》

「世界の日本語学習者」が、それぞれの環境で、『日本語学習』と『日本理解』のために、懸命に頑張っている姿を、改めて知った思いです。

平成31年4月22日　　大森和夫・弘子

目次

はじめに　3
【一】応募者総数と「入賞者」の国・地域別　12
【二】一、二等賞、特別賞・13人の氏名　14
【三】三等賞・52人の氏名　16
【三】「第一回」の一等賞と特別賞　18
【四】「第二回」の入賞作文（65編）　19
◇「多文化共生」のキーワードは「好奇心」
イタリア　ニコール・フェッラリオ（カ・フォスカリ大学大学院。23歳）　20
◇「自己主張力」を備えた〝勇者〟を
ベナン共和国　アイエドゥン　エマヌエル（大阪府立大学大学院・留学生。27歳）　22
◇「なぜ」や「どうして？」を失った「迷子」たち
オーストラリア　ヘレン・リー（ニューサウスウェルズ大学。18歳）　24

◇「魚」のために、世界の海をきれいにしてください！
ポーランド　アンナ・ムロチェック（小学校6年。ワルシャワ日本語学校。11歳）26
◇「夢の国」の若者と「夢」を語り合いたい！
インド　オムカル・アコルカル（ティラク・マハラシュトラ大学。24歳）28
◇中学生に「世界文化」の科目を！
エジプト　ヤラ・タンターウィ（カイロ大学。23歳）30
◇「姥捨ての国」にならないで！
キルギス共和国　ヴォロビヨワ・ガリーナ（ビシケク人文大学准教授。69歳）32
◇外国文化に親しむ若者を育ててほしい
アメリカ　スー　シャオチェン（東京大学大学院・留学生。29歳）34
◇『外国人技能実習制度』を改善して！
インドネシア　アイカ　マニックサリ（名古屋市立大学・留学生。19歳）36
◇共生社会へ「偏見の壁」をなくそう！
中国　雷雲恵（文教大学大学院・留学生。24歳）38
◇日本人は、ほんとうに無宗教なのですか？
イラン　マヘルプル　ルヒナ（日本大学文理学部・留学生。21歳）40
◇タトゥーは、なぜ、ダメですか？
中国　王芸儒（創価大学・留学生。21歳）42

◇盲学生から――日本語で『もっと、話したい！』 タイ クリトナイ スウアイム
（タマラートスクサースクール。チェンマイ市にある仏教系高校3年生。21歳） 44
◇「エスカレーター」でも、規則を守ってください！ 中国 李多維（清華大学。21歳） 46
◇「折り紙」と「ほめる思いやり」 カンボジア ター・スレイヌット
（在カンボジア日本国大使館 広報文化班アシスタント。27歳） 48
◇「レジ袋を減らして、環境大国に！
フィンランド マルッキ・マリュッカ（東フィンランド大学。24歳） 50
◇「成人式」で暴れるなんて！ 中国 徐广坤（青海民族大学。21歳） 52
◇高齢者の「孤独死」をなくしてください！
ベトナム ディン・トゥイ・ズオン（タイビン医科薬科大学卒業・病院実習中。22歳） 54
◇「敬語」だけに頼らないでください！ チリ ハラ・ダニエル（植林会社・翻訳通訳係。25歳） 56
◇疲れている時は、休んでください！
インドネシア マリア フロレッタ タンダウィジャヤ（通訳者。23歳） 58
◇もっと、「自然災害に強い」日本に！
韓国 キムジョンアン（金正眼）（京都精華大学・留学生。24歳） 60
◇知ってください！「日本への愛」 スペイン レナ・カルボ・ゴンザレス（NGO職員。46歳） 62

◇すべて、「ありがとう!」の一言です 中国 李　雪（貴州大学。24歳） 64
◇日本のお年寄りは「働きマン」! 中国 周　益（黄岡師範学院。20歳） 66
◇「配慮」し過ぎないでください! 中国 李文博（河南科技大学。21歳） 68
◇成長させてくれた「将棋」に一礼! 中国 孫　斌（浙江中医药大学浜江学院。22歳） 70
◇「カバー文化」は日本の生命力の源泉 中国 李登宇（河北工業大学。21歳） 72
◇LGBTが差別されない日本に! タイ タイラット・シリブンマー（ウボンラチャタニ大学。21歳） 74
◇「外来語」と「カタカナ」を分かりやすく! タイ ウイリヤー・タンチットウィリヤクン（ウボンラチャタニ大学。21歳） 76
◇もっと「新興の力」で、発展を! 中国 周孝誠（京都大学大学院・留学生。24歳） 78
◇広まってほしい日本人の「強い協力意識」 オーストラリア イサベラ ソング（ニューサウスウェールズ大学。20歳） 80
◇「精神の病」に助けを求められる日本に! インド シリピリヤ（主婦。27歳） 82
◇「お金を一番に考えすぎている」 ミャンマー ティン ガ アウン（東京国際交流学院・留学生。20歳） 84
◇低すぎる女性の社会的地位 ドイツ トーマス・ゲアケ（ソフトウェア ディベロッパー。33歳） 86

◇優しい日本の人たちに支えられた「日本留学」 中国 朱新玲（常州大学。22歳） 88
◇「迷惑をかけること」を恐れないで！ 中国 李明月（山西大学。20歳） 90
◇「忖度」は日本文化の美徳です 中国 周孝誠（立命館大学大学院・留学生。25歳） 92
◇「人生の自己実現」を目的とした日本の教育 中国 劉人歌（駿台外語&ビジネス専門学校・留学生。27歳） 94
◇美しい文化＝「すみません」と「ありがとう」 ベトナム ホアン・ラン・アィン（タイビン医科薬科大学卒業・病院実習中。22歳） 96
◇日本語の柔らかさを伝える外国語を！ 中国 李帥辰（大連理工大学城市学院。23歳） 98
◇「列に並ぶ文化」を見習いたい！ ベトナム グエン ティ フオン（技能実習生・岐阜県在住。26歳） 100
◇「チームワーク」を教えてくれてありがとう！ スーダン バヤン・アリ（ハルツーム大学。25歳） 102
◇アラブの文化は美しくて平和です レバノン ジャマール サラフ（レバニーズ大学。21歳） 104
◇高校生に「英語オンリー」の授業を！ ドイツ アジョ・エミリー・アデレ（レバニーズ大学。17歳） 106
◇自分を育ててくれた「競技かるた」 ハンガリー サボ・ダニエル（カーロリ・ガシュパール・カルビン派大学。23歳） 108
◇自己主張する若者に会いたい 中国 馬 可（南京師範大学。21歳） 110

◇特に、若者は「無理しないでください」
オーストラリア ティファニー・イング（ニューサウスウェールズ大学。20歳） 112
◇「何度も立ち上がる」日本の力
ブラジル 宮部マルコス武志（フェーヴァレ私立大学。25歳） 114
◇「入れ墨」の人も、温泉に入れてください！
ニュージーランド ターナー クリス（カンタベリー大学。20歳） 116
◇マダガスカルに日本企業を増やして！
マダガスカル アンジアナンビニンツア・ヘリマララ・エメ（アンタナナリボ大学。36歳） 118
◇日本人男性との奇跡の出会いに「感謝！」
エジプト アブデルアール・アハメド（早稲田大学大学院・留学生。32歳） 120
◇「若者言葉の乱れ」を受け止めて！
チリ ポーレット・ドール（イナカップ大学。20歳） 122
◇「永住者」にも選挙権を！
台湾 林秋華（主婦・神戸市在住。42歳） 124
◇広い「心」をくれた日本語、ありがとう！
ウクライナ リチンスカ・オリガ（リヴィウの国立工科大学の教師。34歳） 126
◇美しい日本で「やりたいこと」を見つけた！
ブルガリア イヴァノヴァ・デニツァ・ディミトロヴァ（ソフィア大学・21歳） 128

◇好きになった！「頑張って下さい」
スペイン ハビエル パラウ アンドレス（神戸大学・留学生。21歳） 130
◇ウォシュレットに見る日本人の真面目さ 中国 王 阳（通遼市第三中学。17歳） 132
◇「外国人共存ニッポン」で第4次開国を！
ベトナム グエン・クアン・ジェウ（日越大学地域研究プログラム。27歳） 134
◇若者は年配の方から教えてもらってください エジプト ハーティム・ナーギ（アスワン大学。20歳） 136
◇「日本人の群れには入りにくい」？ 中国 劉悦汐（福州大学。21歳） 138
◇「伝統とルールと個性」の調和を学びたい 中国 衛雅坤（大連工業大学。19歳） 140
◇女性がもっと住みやすい国に 中国 曾富莉（湖南文理学院芙蓉学院。20歳） 142
◇19年の10連休で海外旅行へ フィンランド トーマス・マキネン（アアルト大学。27歳） 144
◇数秒にかける相撲から学んだ「生き方」 中国 王若瑄（淮陰師範学院。20歳） 146
◇世界に誇れる「ごみの分別」 インド サロポッダー・スワラリ（プネ大学。20歳） 148
あとがき 150
略歴 151

【応募者総数と「入賞者」の国・地域別】

「第二回」の応募総数＝「62カ国・地域から6,793編」

「62」の国と地域

アジア州 〈アジア大陸（ユーラシア大陸の一部）とその周辺〉
中国（香港特別行政区を含む）、韓国、台湾、インドネシア、インド、カンボジア、ベトナム、タイ、スリランカ、ネパール、キルギス、ロシア、マレーシア、バングラディシュ、モンゴル、フィリピン、カザフスタン、アゼルバイジャン、ウズベキスタン、ミャンマー、パキスタン

（中東） トルコ、シリア、イラン、クウェート、レバノン

ヨーロッパ州 〈ヨーロッパ大陸（ユーラシア大陸の一部）とその周辺〉
イタリア、スウェーデン、フランス、ポーランド、モルドバ、チェコ、イギリス、スペイン、ハンガリー、ブルガリア、ドイツ、ルーマニア、ウクライナ、リトアニア、フィンランド、ポルトガル

オセアニア州 オーストラリア、ニュージーランド

北アメリカ州 アメリカ、コスタリカ

南アメリカ州 ブラジル、ウルグアイ、ペルー、パラグアイ、チリ、コロンビア、アルゼンチン

アフリカ州 エジプト、スーダン、ガーナ、ベナン、エチオピア、モロッコ、アルジェリア、タンザニア、マダガスカル

注 ・赤字の「10カ国」は「第二回」で初めての応募。
「第一回」に応募の「ベラルーシ」、「スロバキア」からの応募はなし。

【入賞者・65人の国・地域別】

「入賞者」は29カ国・地域の65人

《海外在住（大学生など）＝50人
日本在住（留学生など）＝15人》

中　　国＝21人

ベトナム＝4人

エジプト、インド、タイ、オーストラリア
＝以上、4カ国・各3人

ドイツ、インドネシア、スペイン、チリ、フィンランド
＝以上、5カ国・各2人

韓国、台湾、カンボジア、キルギス、ミャンマー、イラン、
レバノン、イタリア、ポーランド、ハンガリー、
ブルガリア、ウクライナ、ニュージーランド、アメリカ、
ブラジル、スーダン、ベナン、マダガスカル
＝以上、18カ国・地域・各1人

【応募者総数と「入賞者」の国・地域別】

「第二回・世界の日本語学習者『日本語作文コンクール』」

一、二等賞、特別賞・13人

一等賞・2人

【海外在住の日本語学習者】
イタリア
ニコール・フェッラリオさん（23歳）
（カ・フォスカリ大学大学院）

【日本在住の日本語学習者】
ベナン
アイエドゥン エマヌエル君（27歳）
（大阪府立大学大学院・留学生）

二等賞・10人（海外、留学生別・作文の受け付け順）

①オーストラリア　ヘレン・リーさん（18歳）
（ニューサウスウェルズ大学）

②ポーランド　アンナ・ムロチェックさん（11歳）
（小学校6年ワルシャワ日本語学校）

③インド　オムカル・アコルカル君（24歳）
（ティラク・マハラシュトラ大学）

④エジプト　ヤラ・タンターウィさん（23歳）
（カイロ大学）

⑤キルギス　ヴォロビヨワ・ガリーナさん（69歳）
（ビシケク人文大学准教授）

⑥アメリカ　スー シャオチェン君（29歳）
（東京大学大学院・留学生）

⑦インドネシア　アイカ マニックサリさん（19歳）
（名古屋市立大学・留学生）

⑧中国　雷雲恵さん（24歳）
（文教大学大学院・留学生）

⑨イラン　マヘルプル ルヒナさん（21歳）
（日本大学文理学部・留学生）

⑩中国　王芸儒さん（21歳）
（創価大学・留学生）

①

②

③

④

⑤

⑥

⑦

⑧

⑨

⑩

特別賞（賞状と学習奨励金3万円）・1人

クリトナイ スウアイム君（21歳）
タイ（タマラートスクサースクール3年生）

日本語クラスの盲学生
（アルファベット表記の「点字タイプ」で書いた後、
日本語ボランティア教師が聞き取って、文字起こしをした）

三等賞・52人 （作文の受け付け順）

中国　李多維さん　清華大学　21歳
カンボジア　ター・スレイヌッさん　在カンボジア日本国大使館　27歳
フィンランド　マルッキ・マリュッカさん　東フィンランド大学　24歳
中国　徐广坤君　青海民族大学（3年生）21歳
ベトナム　ディン・トゥイ・ズオンさん　タイビン医科薬科大学卒業　22歳
チリ　ハラ・ダニエル君　植林会社・翻訳通訳係　25歳
インドネシア　マリア フロレッタ タンダウィジャヤさん　通訳者　23歳
韓国　キムジョンアン（金正眼）君　京都精華大学・留学生　24歳
スペイン　カルボ・ゴンザレスさん　学校職員　46歳
中国　李　雪さん　貴州大学　24歳
中国　周　益君　黄岡師範学院　20歳
中国　李文博君　河南科技大学　21歳
中国　孫　斌君　浙江中医薬大学濱江学院　22歳
中国　李登宇さん　河北工業大学　21歳
タイ　タイラット・シリブンマー君　ウボンラチャタニ大学　21歳
タイ　ウイリヤー・タンチットウィリヤクンさん　ウボンラチャタニ大学　21歳
中国　周孝誠君　京都大学大学院・留学生　24歳
オーストラリア　イサベラ ソングさん　ニューサウスウェールズ大学　20歳
インド　シリピリヤさん　主婦　27歳
ミャンマー　ティン ガ アウン君　東京国際交流学院・留学生　20歳
ドイツ　トーマス・ゲアケ君　ソフトウェア ディベロッパー　33歳
中国　朱新玲さん　常州大学　22歳
中国　李明月さん　山西大学　22歳
中国　陶一然君　立命館大学大学院　25歳
中国　劉人歌さん　駿台外語＆ビジネス専門学校・留学生　27歳
ベトナム　ホアン・ラン・アィンさん　タイビン医科薬科大学卒業　22歳
中国　李帥辰君　大連理工大学城市学院　23歳
ベトナム　グエン　ティ　フオンさん　岐阜県関市・技能実習生　26歳
スーダン　バヤン・アリさん　ハルツーム大学　25歳
レバノン　ジャマール サラフさん　レバニーズ大学　21歳
ドイツ　アジョ・エミリー・アデレさん　高校生　17歳

ハンガリー　サボ・ダニエル君　カーロリ・ガシュパール・カルビン派大学　23歳
中国　馬　可さん　南京師範大学　21歳
オーストラリア　ティファニー・イングさん　ニューサウスウェールズ大学　20歳
ブラジル　宮部マルコス武志君　フェーヴァレ私立大学　25歳
ニュージーランド　ターナー　クリス君　カンタベリー大学　20歳
マダガスカル　アンジアナンビニンツア・ヘリマララ・エメ君　アンタナナリボ大学　36歳
エジプト　アブデルアール・アハメド君　早稲田大学大学院・留学生　32歳
チリ　ポーレット・ドールさん　イナカップ大学　20歳
台湾　林秋華さん　主婦・神戸市在住　42歳
ウクライナ　リチンスカ・オリガさん　国立工科大学教師　34歳
ブルガリア　イヴァノヴァ・デニツァ・ディミトロヴァさん　ソフィア大学　21歳
スペイン　ハビエル パラウ アンドレス君　神戸大学・留学生　21歳
中国　王　阳さん　通遼市第三中学（高校）17歳
ベトナム　グエン・クアン・ジェウ君　日越大学（地域研究プログラム）27歳
エジプト　ハーティム・ナーギ君　アスワン大学　20歳
中国　劉悦汐さん　福州大学　21歳
中国　衛雅坤さん　大連工業大学　19歳
中国　曾富莉さん　湖南文理学院芙蓉学院女　20歳
フィンランド　トーマス・マキネン君　アアルト大学　27歳
中国　王若瑄さん　淮陰師範学院　20歳
インド　サロポッダー・スワラリさん　プネ大学　20歳

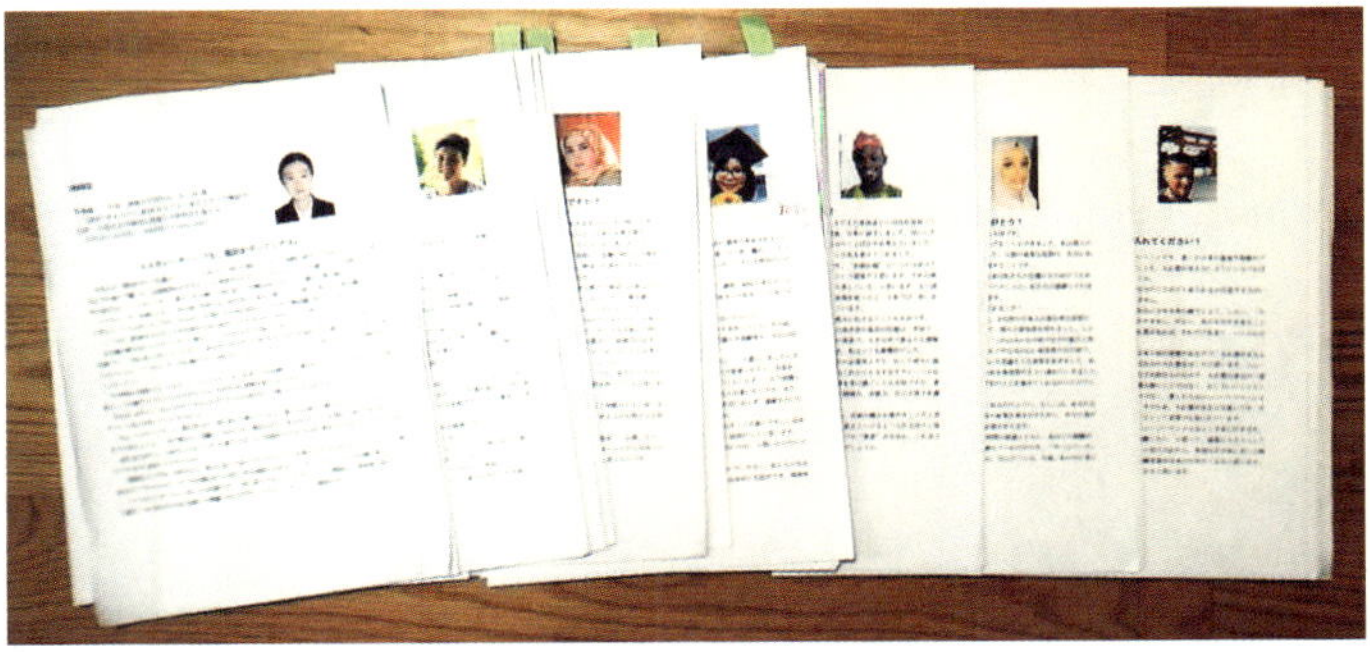

「一次審査」でえらばれた「入賞候補」作文・90編

「第一回」
「世界の日本語学習者『日本語作文コンクール』」

一等賞 3人

1・（海外在住） インド＝シュレヤ・デイウェさん（20歳）プネ大学。
2・（留学生） 中国＝王志博君（25歳）宇都宮大学。
3・（社会人） ベトナム＝ドン・フン・タオさん（27歳）会社員。

特別賞 1人 タイ＝カンワン・スパヤーン君（20歳）高校生

タマラートスクサースクール（チェンマイ）の盲学生

写真の中央がカンワン・スパヤーン君

「世界の日本語学習者」日本語作文コンクール

「第2回」（平成30年）

《「日本」あるいは「日本人」に言いたいこと》

入賞作文 65編

応募総数＝62カ国・地域から6793編。

◇「多文化共生」のキーワードは「好奇心」

イタリア　ニコール・フェッラリオ（カ・フォスカリ大学大学院。23歳）

私は、ただ好奇心から日本語の勉強を始めて九年経ちました。母国での勉強と、合わせて9カ月間の日本への短期留学（立命館大学、中京大学）で学んだ経験から、言いたいことがあります。日本の人は、もっと異なる文化を背景に持つ人々とコミュニケーションしてください！

留学していた時、日本人の大学生に「イタリア人の母語は英語ですか？」と聞かれたことがあります。その時、「日本はまさに島国ですね」と思いました。私はイタリア人ですが、「ヨーロッパ人」と呼んだほうがいいでしょう。ヨーロッパの国の間にはもう国境がないようです。自由に移動できたり、ユーロをどこでも使えたりするのです。たしかに日本の国境は海ですが、現代では自分の国境を越えて、「地球市民」になる時期になったのではないでしょうか。

最近、外国人観光客や外国人労働者が増えている日本。カタカナ語がますます多くなっている日本。「多文化共生」のスローガンを掲げている日本。それなのに、自分の文化と考え方から離れられない日本人が多いと思います。自分の文化を守ったり、伝えたりするのは、大事なことですが、今の時代は他の国の人とコミュニケーションしたり、他の国から取り入れる心が大切です。

「多文化共生」のキーワードは「好奇心」だと思います。

日本語には、イタリア語で翻訳できない素敵な挨拶言葉があることを知って、びっくりしました。自己紹介した時や、仕事を始める時、依頼する時に使う「よろしくお願いします」と、仕事が終わった時に使う「お疲れさまでした」は代表的な例です。他人との関係をスムーズにする表現です。その言葉を、日本で使った時、そのグループのメンバーであることを実感しました。

留学している時、「柚子風呂に　妻をりて音　小止みなし」という俳句を勉強しました。俳句の意味は難しかったのですが、先生に聞いて、私は「びっくり」しました。日本では、冬至の時期に、柚子湯の習慣があることを知りました。「五・七・五」の短い詩から異なる文化が学べるなんて！　素晴らしいです。俳句は、日本文化と密接につながっています。

日本人も、他国の文化に「好奇心」を持ってください。ステレオタイプではなく、外国人とコミュニケーションして、新しいことを学んでください。交わってください。そして、「多文化共生」を実現してください。日本と日本語が好きな一人の外国人として、そう願っています。

◇「自己主張力」を備えた〝勇者〟を

ベナン共和国　アイエドゥン　エマヌエル（大阪府立大学大学院・留学生。27歳）

私はアフリカの西側にあるベナン共和国に生まれ育ちました。まだまだ発展途上の母国を背負っていけるような人材になりたい、という強い思いを抱き、高校卒業後、日本に留学しました。国にいたときの自分は、いつもわがままで、どんなときでも、まず先に自分のことばかりを考えていました。しかし、どんなときでも、「相手のことを考える日本人」が、そんな私を変えてくれました。

私は日本語の〝お疲れ様〟という言葉が日本らしく、大好きです。

〝お疲れ様〟というのはあなたのことを見ていて、どのぐらい頑張ったかを分かっていますよ、という意味だと思います。それは他の言語には珍しく、「日本人が相手を大事に思う気持ちをはっきり表している」と思います。人に迷惑かけないように自己管理し、相手を傷付けないように婉曲的な表現を使うなど、日本では「和」を重んじるために、一歩下がって周囲に合わせることが常識とされています。

しかし、自己の意見や考えや欲求などを、遠慮せずはっきりと他人に伝えることも大切です。

私は「不思議な一人の日本人」と知り合いました。私の同級生の赤井くんの最初の印象は「男前で、とても静かな人」です。その赤井くんが、授業のグループワークの発表で、大きな声で誰よりも積極的に質問したり、論理的に論争したり、議論の発展に貢献したとき、私はとても衝撃的でした。

日本では社会のほとんどの分野で個人の精神力、決断力、想像力の必要性よりも、むしろ周りに協調し、依存することが求められるように感じます。しかし、社会はこれからもますますグローバル化し、国際競争も厳しくなります。多様化した社会では、優秀な伝統を受け継ぐことも大切ですが、多様な価値観も必要です。特に今の日本は、赤井くんのように、個人の精神力、決断力、自己主張力を備えた〝勇者〟を必要としているのではないかと思います。

そのためには、世界に出て、違う国の文化やマナーに興味を持ち、交流の機会を増やすことだと思います。「異なる存在、異なる声」を恐れるのでなく、むしろ力に変えていけるような社会造りに取り組む必要があると思います。そうすることによって、新しいタイプの〝勇者〟が生まれ、これまで以上に、日本から国際社会に通用する優秀な人材が育つのではないでしょうか。

◇「なぜ」や「どうして?」を失った「迷子」たち

オーストラリア　ヘレン・リー（ニューサウスウェルズ大学。18歳）

今年の七月、「次世代リーダーシッププログラム」が私の大学で行われ、日本の中学校から約60人の生徒が訪問し、私はボランティアの一人として、彼らと夢や将来したいことについて会話する任務を与えられた。

私は「皆さんの夢は何ですか」と生徒たちに聞いた。しかし、答えは「沈黙」だった。夢という言葉は抽象的すぎると思い、もっと具体的な質問をした。「皆さんは将来何になりたいですか」。

彼らの中で私の質問をはっきりと返事できたのはただ一人の男の子だった。日本の次世代を担う生徒たちは、ほとんど空白の目で私を見ていた。私は彼らの目を通して、夢の輝きが見えなくて、将来に対する期待も持てなかった。悲しくて、私はもう一度聞いてみたが、「人の役に立てる仕事」など教科書的な答えしか出てこなかった。彼らはまるで「迷子」のように、自分のアイデンティティと行き先すら分かっていない。決められた道を歩んでいるのだろうか。

日本は「学歴社会」と言われ、日本人の人生進路は生まれた時に決められている、という。子供は学校に行き、精一杯勉強し、大学に入り、そして社会に出る。それでも、「迷子」が増えているのは実に皮肉である。

この現象を起こしたのは、学歴社会の基礎にある偏差値教育ではないだろうか。偏差値を上げるには試験で多くの正解を得るため、暗記力を中心する学力が必要なため、生徒は必死に授業の内容を暗記し、試験の後はまた全部忘れる。彼らは機械のようにこのプロセスを卒業するまで何度も繰り返しているのでは？

この状況が長く続けば、人は「なぜ」や「どうして？」などを聞く能力と批判する力を失い、自分は一体何を求めているか分からないまま大人になる。結局、学力が優れていても個性、想像力、または人間性に欠ける人が増えているのではないだろうか。そして、挫折に遭ったり、決められた道を急に見失ったりすれば、混乱してしまい、道に迷ってしまう。生きる意味さえなくしてしまうかもしれない。日本の自殺率が高い原因の一つになっているのではないだろうか。

私たちが生きているこの世界は、夢と無数の可能性が含まれており、カラフルだ。盲目的に指定された進路に従うだけでは、人間は空っぽになってしまう。そのため、私たちは、日常生活に意味を探し、自分の努力は一体何のためになるのか、をはっきり把握するべきです。この世に「迷子」の数が少なくなるよう、願っています。

◇「魚」のために、世界の海をきれいにしてください！

ポーランド　アンナ・ムロチェック（小学校6年。ワルシャワ日本語学校。11歳）

日本のみなさま、私は「日本の魚」になりたいです。日本の海で泳いで住みたいです。

私は「魚」が大好きで、興味を持って、いろいろ勉強しています。魚の骨格や生息についても調べました。２０１６年に、東京テレビの『世界！ニッポン行きたい人応援団』に招待されて、新潟県小千谷市で錦鯉を実際に見たりして、とても楽しい体験をしました。

人が知らない魚もたくさんいるかもしれません。潜水艦で潜らないと見ることができないような魚もいます。魚は進化の過程で脊椎動物になりました。人間も脊椎動物です。魚と人には共通するところがあります。医学などの科学が進歩し、潜水艦が使えるようになり、それに伴って魚の研究も進歩し、色々な方法が使われるようになりました。魚の進化などを研究することは、人間を知ることにもつながります。

人間と魚が共生することが大事だと思います。私達と同じように魚も生きていますから病気になります。問題は、私達人間が海を汚したりして魚を病気にしてしまうことです。つまり、人間の進歩は魚にとって後退かもしれません。人間の進歩は魚に取っていいことだけではなくて害にもなるということです。

人間は遺伝子を変更することを学びました。大量の金魚は遺伝子の組み換えなどで新しく生み出されました。まるで病気になったかのような姿をした魚もいます。変更された遺伝子はその子孫に伝わります。通常ではない遺伝子を持つ魚は毎日苦しんでいると思います。魚の免疫力を改善する程度ならまだしも、それ以上に人間が見た目などのために遺伝子を組み替えることはよくないと思います。

科学の進歩によって魚を苦しめるのではなくて、魚がのびのび暮らせるような海を提供してあげたいと思います。ポーランドにあるバルト海はあまりきれいな海ではありません。

一方、日本の海はとても豊かです。日本の海の汚染予防システムは他の国が学ぶべきです。日本は海に囲まれた国ですから、魚を守るために色々なテクノロジーを使って、きれいな海にしてきました。もちろん研究にはお金がかかります。しかし、長い目で見たら、それは人間にとってもいいことだと思います。

魚は人間と共に長い間、生きてきました。これからも、人間と魚が一緒に生きていくために、日本のテクノロジーを使って、世界のきれいな海を取り戻してほしいです。

◇「夢の国」の若者と「夢」を語り合いたい！

インド　オムカル・アコルカル（ティラク・マハラシュトラ大学。24歳）

太平洋戦争の話を聞くたびに涙が溢れて来る。ビルが立ち並ぶ東京の街も、当時は空襲で焼け野原と化し、人々の生活は追い詰められていた。そのような状況の中で日本人が抱いた「優れた国を作りたい」という夢だけを頼りに日本は急成長を遂げた。そんな日本を「夢の国」と呼ぶ留学生も多い。

昨年、日本・千葉大学に留学して一ヶ月が過ぎた頃、大学で世界各国からの留学生が集う国際交流会が行われ、彼らと様々な話をした。国は違えど、みんなそれぞれ大きな夢を持って日本へ学びに来ている。一方、数多くの日本人の若者とも交流したが、彼らが自分の夢を語ってくれることはほとんどなかった。それどころか、何人かは語る夢さえ持っていないようだった。「日本の若者は夢を持つのが怖いのだ」という日本人の友達の話を聞いて、私は衝撃を受けたのを覚えている。

またディズニーランドに行った時のことだ。そこで私が目にしたのは、絵画でしか見たことのないようなきらびやかな楽園だった。それはまるで、世界から見た日本という夢の国を具現化したようだった。実際、現在ディズニーランドがあるのは、アメリカやフランスなど、戦争を乗り越え発展を遂げた国々である。入念に作り上げられた洋風の建物や綺麗な水、夕暮れ時のパレード、まばゆいばかりに夢の世界を照らすイルミネーションは経済的豊かさの象徴だといえよう。その作り上げられた夢の国を通し、私は先人達の本物の努力の結晶を目で見、心で感じ取ることができた。

圧倒される私が同時に見たものは、経済的豊かさを象徴する夢の国で「遊ぶ」学生達の姿だった。大学の授業では居眠りをし、活気のない彼らも、そこでは別人のように目を輝かせていた。それはまるで先人達が築き上げた血と涙の結晶を当たり前のように享受している姿だった。日本の急速な発展は、その時代の人々の大きな夢に支えられていた。しかし、その精神を受け継いでいる若者が現代の日本にどれぐらいいるだろうか。「夢の国」の住人がなぜ夢を持っていないのか。私は、彼らに問いたい。どうして夢を持つのが怖いのか。鳥だって羽ばたく勇気なしに空は飛べない。私は日本の若者に言いたい。「夢」について語り合える日を楽しみにしている。

◇中学生に「世界文化」の科目を！

エジプト　ヤラ・タンターウィ（カイロ大学。23歳）

今の世界はグローバル・ヴィレッジ（地球村）だと言われている。グローバル・ヴィレッジというのは、世界のどこの人とも相互理解があるということである。しかし、日本人はまだ外国のイメージがはっきりは出来上がっていない。アメリカの影響が強くて、ほかの様々な文化を受け入れていない。アメリカの影響が強いのは、第二次世界大戦後、日本はアメリカに敗北し、アメリカは日本の運命を支配する立場にあったからである。

日本人が、世界の多様な文化を理解して、受け入れるために、「教育、産業、メディア」の三つの分野について提案したい。

最初に、教育分野についてだ。勿論日本の学校は沢山の外国人との活動を増加しているが、多くの活動は、英語の得意な学生だけが外国人と話すことだ。その外国人は自分の文化だけを教える。これだけで足りないのではないだろうか。そこで、外国人との活動を増加しながら、「世界文化」という科目を中学生に教えるようにしたらいいのではないか。

産業分野については、日本製の商品の説明書や付箋に日本語でしか書かれていない場合が多い。使われている日本語のレベルも高くて、観光客には分かりにくい。英語でも書かれていれば、外国人は助かるし、日本人の英語学習者にも勉強になるだろうと思う。2020年の東京オリンピックに日本を訪問する外国人にも大いに役に立つだろう。

最後に、メディアに注文したい。訪日外国人にインタビューする『YOUは何しに日本へ?』のようなテレビ番組をもっと増やすことも考えてほしい。また、多様な国のテレビ番組やドラマを発信すること。例えば、南アメリカ、中東、東ヨーロッパ、オーストラリアなどの有名な番組やドラマを日本で見ることができれば、多様な文化の理解に役立つだろうと思う。

日本人に理解して欲しいのは、グローバル・ヴィレッジに向うのに大切なのは、自国文化や自分が信じていることを捨てるのではなく、自国の文化を誇りに思いながら、異文化の理解を拡大することだ。みんなで、グローバル・ヴィレッジへ向かいましょう!

◇「姥捨ての国」にならないで！

キルギス共和国　ヴォロビヨワ・ガリーナ（ビシケク人文大学准教授。69歳）

日本は、人々に親切で、「おもてなし」で名高い国として世界で知られている。しかし、なかなか理解できない不思議に思う現象もある。それは、電車やバスの中で、若い人がお年寄りに席を譲ることがあまり見られないことだ。

私は、大学で日本語を教えている。これまで、日本語教育関係の研究会などに出席するため、14回、日本を訪問したことがある。滞在期間は一週間から一年まで。ある日私たち6人の女性（私と日本人の5人）が研究会から電車で帰る時、お年寄りが座ろうとした席に、子供や若者が素早く先に座ってしまう光景を何回も見た。また、こんなこともあった。私たちの仲間の白髪の年を取った先生が研究会の実行委員として一日中頑張ったので、「疲れた、足が痛い」と言っていた。電車に乗ると、1つの空席があった。私は大きい声で「先生、どうぞ座ってください」と言った。しかし、私の声が聞こえたはずなのに、若い女性が先生より早くその席に座って化粧直しを始めた。

私は日本の電車やバスの中で何回もお年寄りや子供連れの母親に席を譲った。その際、たいていの日本人は最初遠慮して断ったが、その後「本当に座ってもいい？」と聞いて、感謝して座った。ある外国人は、電車で日本人のおばあさんに席を譲ったら、「そんなことをしてもらったことが今までなかった」と感謝され、りんごをもらったそうだ。

私は、「姥捨て」という習慣についての日本の映画を思い出した。昔、ある日本の村では、家族に役に立たたない老人達を特定の山に連れて、捨ててしまい、おじいさんとおばあさん達は飢餓と寒さのため一人で死んでしまったそうだ。電車やバスの中でのお年寄りへの無関心は「姥捨て」に似ている。

ある日、私は日本人大学生のグループと交流した。一人の学生が、日本でカルチャーショックを経験したかと質問した。私は、「私の国ではお年寄り、身体障害者、子供連れの両親と女性に席を譲るのは当然である。日本では、『姥捨て』という習慣が今も続いているようだ」と答えたことがある。

日本社会のこの状況を改善することを、お願いしたい。家庭や学校で、子供と若者に「お年寄りや困っている人、弱い立場の人に手を貸して力になること」の大切さを教えてほしい。

私は日本が大好きだ。また、いつか日本に行くチャンスがあった時、「お年寄り」に席を譲ることが習慣になっている日本、を見たい。

◇外国文化に親しむ若者を育ててほしい

アメリカ　スー シャオチェン（東京大学大学院・留学生。29歳）

「日本で友達を作るのって難しいね！」——日本に長くいる外国人たちがよく口にする言葉だ。

苦笑いと同時に出るこの一言は彼らの国際交流への不満を反映し、在日外国人の孤独感を感じさせると同時に、日本人との「文化の壁」を表している。

興味深いことに、私がこの言葉をよく耳にするのは、外国人の相談にのるときではなく、社交イベントでワイワイしている真っ最中だ。これらのイベントは何十人もの日本人と外国人を集め、自由交流を通して知り合いを作るものだ。外国人らはイベントで日本人と連絡先を交換する。今後も一緒に仲間になって、いろんな趣味を共有したがるのだ。

だが、外国人らがイベントで積極的に「友達集め」に没頭しても、「友達が作れない」というつぶやきは後を絶たない。友達が作れない理由は、人との出会いが少ないことではない。

そもそも外国人たちの失敗は彼らの積極性と現実のギャップにある。

日本における「外国人コミュニティー」を脱出するには日本人とどんどん接触するしかない。そう思い、彼らはたくさんの日本人らに交流の熱意を語る。

これに対し、日本人は建前的にはポジティブな反応をする。イベント中、外国人らの「攻め」に元気よく返事し、質問されるとさわやかに回答する。外国ジョークにも熱心にフォローし、連絡先を聞かれても素早く応える。まさに外国人たちが心から望む「オープンな日本人」だ。

「今日は珍しくいい友達ができた！」と感心する外国人。家に戻ると早速その「オープンな日本人」と連絡を取る。しかし、その日本人らはイベント中に熱心さを示すのが礼儀と思うだけで、実際長期の交流には興味がない。だから、返信は来ない。二日、三日、一週間たっても来ない。友情の期待は裏切られ、怒りと失望は増す。彼らはまた日本人の親友がいないまま次のイベントに参加し、同じ「期待外れ」と「冒頭の言葉」を繰り返す。

この状況に対して、国や各自治体でいろいろできることがある。政策によって、国際性を持つ、外国文化に本気で親しむ日本人、特に若者たちを育てる努力をしてほしい。人々のマインドを徐々に変化させ、外国人がよりなじみやすい日本を築くのは重要な課題だ。

◇『外国人技能実習制度』を改善して！

インドネシア　アイカ　マニックサリ（名古屋市立大学・留学生。19歳）

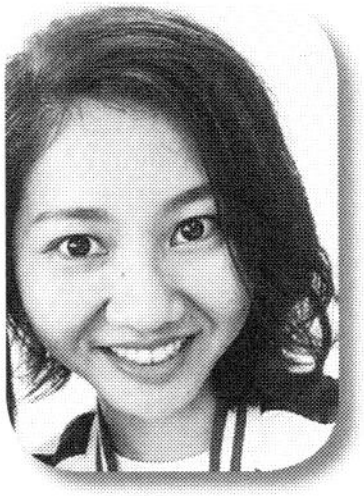

私は、日本に留学して、大学で外国人技能実習制度について学ぶ機会があり、新聞などを読んで、日本の産業を支えている外国人労働者について考えるようになった。

外国人技能実習制度の問題点として、最低賃金を下回る残業代、深夜までの残業、日本人従業員との賃金格差、使用者からの暴言、パスポート取り上げ、労働者であるのに転職の自由がない、権利主張に対する強制帰国、労働災害、過労死など、が指摘されている。

厚生労働省のウェブサイトでは、外国人技能実習制度は、「発展途上国への技術移転による国際貢献」を目的として創設され、開発途上国等の経済発展を担う「人づくり」に協力すること、とある。しかし、事例をみると技能実習制度は外国人労働者の人権を侵害していると思う。

技能実習生として働いているインドネシアの若者も同じような扱いをうけている事実も聞いている。彼らは母国にいたころよりも、良い生活を求めて日本へ来ている。もしくは日本に憧れていたから来ているのだ。しかし、このような制度が存在することによって、彼らが想像していた夢が打ち砕かれて、もともと親日家が多いインドネシア人が、この制度によって人権侵害を受けて、反日派になってしまうのではないかと心配だ。

もちろん、この制度を適切に利用している企業や団体もある。しかし、２０１６年に厚生労働省がそれらの企業を視察した結果、約70％の企業で違反が確認されている、という。

私は母国のインドネシアに住んでいた頃、この様な制度が日本に存在していて、企業は技能実習生をひどい扱いをしていることも知らなかったので衝撃を受けた。私や周りのインドネシア人の中では、日本というと、外国人観光客に対する「おもてなし」で知られ、良いイメージしかなかった。

日本が掲げる「人づくり」の目的が達成されないで、反対に日本のイメージは悪くなる。外国人技能実習生の人権が踏みにじられないようにしてほしい。

外国人技能実習制度が、日本企業と外国人技能実習生の双方が「ＷＩＮ　ＷＩＮ」の関係になる制度になれば、日本は発展途上の国へもっと大きな貢献をすると思う。

◇共生社会へ「偏見の壁」をなくそう！

中国 雷雲恵（文教大学大学院・留学生。24歳）

私は日本語で、こんな間違いをしたことがあった。

「私の姉は女医で、姉の夫は医者です。」それを「私の姉は女医で、姉の夫は医者です」と直された。疑問に思って、周りの人に確認してみたら、「お医者さんは普通男性でしょう」と言われ、「ああ、そうなんだ」、「男医」という言葉が使われていないことを知った。しかし、一旦は受け入れたものの納得はいかなかった。

世の中には、「普通」とされているものには名前がないか、あっても意識されないことが多い。それは社会の暗黙の了解の一つだからだ。私たちは一般的に「特殊」には目が向くが、「普通」に対しては見逃してしまう傾向がある。

昔、クラスメートの一人が小人症であったのを思い出した。どこにいても何をしても目立つ彼女は、いつも微笑んでいるやさしい人であった。しかし、その彼女には、だれ一人として友達がいなかった。彼女とみんなの間には、彼女に対する壁というものがあった。その壁の中を、色眼鏡をかけて見る人、無関心を装う人、ちらっと一瞥したが、見ていないふりをしている人もいた。彼女は不本意ながらも、いわゆる「特殊」というものにされていて、「普通」から排除されたのである。

昔の私では味わえない彼女の気持ちが今、国から離れ、「外国人」とされて初めて味わっている。バイト先で、1年間も頑張り仕事を熟知しているつもりの私より、新人の店員がお客様に信用される。宴会に誘われ、期待して早く着いた私の隣には誰も座ってこない。そんな時、「私」と「みんな」の間の距離を思い知らされた。「母語のように日本語が喋れない私も『普通』から排除されたのかなあ」、とつくづく実感して傷ついたりもした。

みんなのなかで一人ぼっちでいることの寂しさ。そこには、目に見えない「偏見」の壁が、〝名前のない毒〟のように、ある人々には大きな傷をもたらす。多文化共生社会を求められている日本は、その壁を越えなければならない。そのためには、「特殊」とされる人だけでなく、その対岸にいる「普通」とされる人にも、共生社会への努力が求められているのではないだろうか。

◇日本人は、ほんとうに無宗教なのですか？

イラン　マヘルプル　ルヒナ（日本大学文理学部・留学生。21歳）

日本人のみなさん、外国人から、日本の宗教について聞かれた事はありませんか。その時どう思いましたか？　一般的には、「無宗教」と答える方が多いようです。でも私には、日本人が無宗教だとは思えません。日本人は宗教について大変狭い意味で受け取っているからではないかと思いました。

日本人の行動は、とても宗教的だと感じます。例えば、正月になると初詣に、受験の時には合格祈願に行き、お盆の時にはお墓参りに行きます。

日本の宗教というと仏教、神道が代表的ですね。ですが、一般の日本人はこの自分たちの宗教についてどれくらい理解しているのでしょうか。

私は、初詣でお参りしている日本人の皆さんを見ると、この人たちは何と熱心な神道の信者なのだろうと思います。でもその方々に「あなたの宗教は何ですか？」と聞くと、ほとんど、「無宗教」と答えます。どうも、お祈りをしていることが宗教を信じている事に結びついていないようです。

また、日本人は宗教にこだわりがないと言われますが、でも本当にそうなのでしょうか？　日本人のほとんどは生まれた時には神社にお宮参りに行き、結婚式はキリスト教で、そして人が死んだ時にはお寺に頼みます。これを入れ替えてみましょう。例えば、生まれた時には教会に、結婚式はお寺で、そして亡くなったら神社に、というのはどうでしょう？　考えられますか？ほとんどの人は考えられないと思います。それが日本人の宗教的こだわりと言えるのではないでしょうか。

さらに、日本人は、無宗教と言いながら盛大にクリスマスを祝っています。でも、私たちイスラム教徒からすると、とても不思議なのです。日本人は実は宗教的な考えや、信仰を持っていると思います。でも、日本人はそれを宗教だと思っていないということです。

皆さんは街中でスカーフをしている女性の姿を見かけると、イスラム教徒だと判断なさると思います。それと同じようにお盆にお寺に墓参りに行く皆さんを見たら、仏教徒だと見る方が自然だとは思いませんか？

もし外国人から自分の宗教について聞かれた時には、「無宗教」ではなく、是非、「仏教」なり、「神道」なり、「キリスト教」なり、答えて頂きたいと思います。なぜなら、ほとんどの人が何らかの宗教を信じている外国人から見ると、宗教をもっている人の方が信頼出来ると思うからです。

◇タトゥーは、なぜ、ダメですか？

中国　王芸儒（創価大学・留学生。21歳）

皆さんはニュースや新聞を見て、『これが日本人っぽいな』って感じた三つのことを挙げてください」と、法社会学の先生に聞かれた。その答えのランキング一位は、まさかの「温泉や銭湯でのタトゥー問題」であった。えっと、いきなり友たちについてのエピソードを思い出した。

二年前、群馬で研究プロジェクトに参加している時、日本人の友だちに勧められ、Dさん（中国人）とある温泉に行った。カウンターの近くに、「刺青、タトゥーを入れた方のご入館はお断りしております」というポスターが壁に貼ってあった。「ねね、背中にタトゥーあるんだよね、温泉に入れるの？」と私は緊張して、Dさんに聞いた。彼女は平気な顔で、「大丈夫、大丈夫、裸をチェックするなんて、あるものか」と言い、服を脱いでバタバタと走って温泉に入った。

しかし、十分ぐらい後、温泉の管理員が入ってきてDさんに「お客様、申し訳ございませんが、うちの温泉では刺青のご入浴はお断りしておりますんで、ご遠慮いただけないでしょうか」と言った。こうして、Dさんは呆れ顔でしようがなくタオルで刺青を被ってこっそり出て行った。帰る前にカウンターの人に聞いたら、「他のお客様がクレームをつけられましたので…」と答えた。タトゥーは「公衆浴場法」にも「施行条例」にも記載がなく、特に入浴が禁止されているわけではないが、なぜ日本人はそういうマナーがあるのだろうか。温泉から帰った後、日本人の友たちに聞いたら、「タトゥー＝ヤクザ」という図式は古くから日本人の頭に刻まれているから、という答えは一番多かった。

今のようなグローバル化社会において、世界各国の人は日本に旅行に来ることが多くなり、タトゥーを楽しむ人も増え、また宗教的なタトゥーもある。みんなが期待している２０２０年の東京オリンピックの際、外国人のスポーツ選手たちが試合で日本に来て温泉を楽しもうとする時、タトゥーがあるために入浴拒否されるのは、情けない話ではないか。確かに、ルールを守ることは大変良いことだが、マナーに厳しすぎることは、ただ融通が利かないということではないか。

日本の憲法13条と14条には、「個人として尊重され」、「平等で、差別されない」と書いてあります。それなのに、タトゥーが好きな人を差別するのは、なぜでしょうか。日本人のみなさん、時代は変わりました。タトゥーなど、個性と異文化を理解する世界市民として、平等で平和な社会を築いてください。

◇盲学生から――日本語で『もっと、話したい！』

タイ　リトナイ スウアイム
（タマラートスクサースクール。チェンマイ市にある仏教系高校3年生。21歳）

私はタイのチェンマイ県にあるタマラート・スクサー高校の3年生です。幼稚園から中学3年生まで盲学校で勉強しました。この学校は無料で勉強したり、泊まったりできます。公立の盲学校は北タイではこの学校だけです。それでカンペンペット県に住む両親は幼稚園から私をこの学校に入れました。

盲学校には高校がありませんから、近くのタマラート・スクサー高校で日本語を勉強しています。私は、先生に勧められて、選択外国語の中から日本語を選んで、もう2年間勉強しています。

私が初めて日本人と会ったのは高校1年生のときです。それは日本語を教える4人の「日本人ボランティア」の人たちです。今日まで、町を歩いているときやエレベーターに乗っているときに日本人がいたかもしれません。町を歩いていると、色々な外国語の中でときどき日本語も聞こえます。でも『会う』チャンスはありません。私の『会うこと』は『話すこと』です。

私が会った日本人ボランティアの人たちは、親切で、真面目で、丁寧です。

ボランティアの先生は日本語を教えてくれたり、日本文化の活動をしてくれます。例えば、7月は七夕まつりや、遠足で日本文化を紹介するＥＸＰＯ（博覧会）に行きました。そこで、もちつきや日本茶やタイコの演奏がありました。私は色々な楽器を弾いたり、歌を歌うことがすきです。それで私はタイコが一番すきです。

日本人は、時間を守る人だと思います。タイ人はあまり時間を守りません。10分、15分、30分遅れても『マイペンライ（大丈夫）』です。日本人と勉強して良かったのは、日本語を話したり、聞いたり、書いたりできるようになって、世界が広くなったことです。

来年（２０１９年）、私は日本人の先生がいるこの学校を卒業します。盲学校には高校3年生まで住むことが出来ます。卒業したら大学へ行きません。なぜなら両親がお金の心配をするからです。将来は、サクソフォンやタイ楽器のサローを演奏したり、歌を歌ったりする仕事をしたいです。

家に帰ったら日本語を話すチャンスがあるでしょうか？私は日本語と日本を忘れたくないです。今まで4人の日本人と出会いました。これから何人の日本人と会うことができるでしょうか？たくさんの日本人と『話すこと』を楽しみに、これからも日本語を頑張ります！

◇「エスカレーター」でも、規則を守ってください！

中国 李多維（清華大学。21歳）
（2017年9月から2018年3月まで東京大学で交換留学）

日本人は「規則を守って礼儀正しい」と、日本に行く前から聞いていたが、実際に留学して生活してみたら、本当にその通りで驚いた。交通規則を必ず守る、人に迷惑をかけたらどんな小さなことでも謝る、公の空間で大きな声で話さない、エスカレーターに乗るとき左側に一列に並んで右側は急いでいる人に譲る。深く感心した。

エスカレーターを例にとると、私の国・中国では、知り合いと並んで使うことが多い。急ぐ人に道を譲ることなど考えたこともなかった。だが、自分がいつの間にか日本に同化し、今はもう無意識に同じことをしている。

ところが、2018年3月まで1年半東京大学に留学していたある日、渋谷に行った時、こんなことに気づいた。

京王線の駅を出てエスカレーターに乗ると、こんなポスターが貼ってあった。「エスカレーターの上で歩くのは危険です。二列に並んで立ってください」。私はそのポスターに気づいて、辺りを見回した。誰もそのポスターが見えないように、エスカレーターの左側だけに一列になって立っている。いつものように急いでいる人は右側を歩いて上がっていく。

その時私は困惑した。ポスターに、「エスカレーターを歩くのは危険だ」と書かれているのに、なぜ、みんな依然として左側だけに立っているのだろうか。なぜ自分の習慣を変えないのだろうか。

それは、おそらく、みんながそうするからだ。みんなが並ばないで使うから、自分だけそうしたら目立っしまう。そういう考えを持っているではないか。

では、エスカレーターに、既に四人が二列に並んで乗っていたら、後の人は並んで乗るだろうか。それとも、今までと同じように、一列で乗るか。実験してみたいが、残念ながら、私も目立つことを恐れて実行できなかった。

話を元に戻そう。日本のエスカレーターの乗り方は、人に迷惑をかけないために普及したのだろうか。みんながそうするから普及したのだろうか。

「規則をよく守る」日本人なら、指示に従って並んでエスカレーターを乗るべきではないだろうか。しかし、東京はどこでもエスカレーターの右側は急ぐ人用だ。私も困惑したまま、いつもエスカレーターの左側に乗っていた。

「エスカレーターの上で歩くのは危険です。二列に並んで立ってください」という標語は、「車両進入禁止」、「一方通行」など安全のために設置した標識と同じはずだ。エスカレーターでも「規則を守って」ください。

◇「折り紙」と「ほめる思いやり」

カンボジア　ター・スレイヌット（在カンボジア日本国大使館　広報文化班アシスタント。27歳）

私は日本の文化と、ある「日本人」に感謝の思いを伝えたくて応募する事にしました。

家庭環境に問題があり学校を卒業することも難しかった私は、勉強が苦手で悩んでいました。ある日、日本語と英語を教えるＮＧＯ学校を見つけました。ＮＧＯ学校で授業料も安かったので、英語クラスに通い始めました。学校には日本人ボランティアもいて色々な面白いクラスがあり、日本語が出来なくても学べるクラスを見つけ「折り紙クラス」に入りました。

初めて「折り紙」を習った時、ある日本人ボランティアの先生が私の「折り紙」を見て親指を立てるジェスチャーをしました。クラスメートに何の意味か聞くと、「上手ですねと先生がほめてくれた」と教えてくれました。それを聞いた時、とても嬉しく良い気持ちになりました。その日本人の先生からほめてもらった事がきっかけで、日本語を勉強しようと思いました。

私は日本語クラスの中でも一番下手だと思っていましたが、ある時、別の日本人スタッフがクラスを見学に来た時、短い会話の後で「日本語が上手ですね」とほめてくれました。「ほめられる言葉の力」で私は喜びを見つけ、ついに高校を卒業し大学へ入学しました。大学では法学部に進み、カンボジアの法律だけでなく日本の法律も勉強しました。

日本語クラスで成績もあまりよくなかった私が、どんなに難しくても一生懸命に努力し、卒業までたどり着きました。何度もやめようと思う時がありましたが、そんな時、一つの漢字を頭に思い浮かべて頑張ることができました。「辛い」という漢字です。「辛い」の漢字に、一つの線を引くと「幸せ」という漢字になります。悩むとき、あきらめたい時もその漢字を思い出すと頑張って続ける事が出来ました。その辛い事を超えると、嬉しくて大変幸せな気持ちになれました。私は、あの時、「折り紙」を教えてもらい、日本人ボランティアとの偶然の出会いのおかげで高校や大学に進学、卒業できたと確信しています。

現在は社会人として、充実した毎日をおくっています。日本の文化である「折り紙」がきっかけで、日本人の「人をほめる思いやり」のおかげです。優しい日本の人達に日々感謝しています。「折り紙」を世界にもっと広めて、「人をほめる」日本人の思いやりを、世界の人たちにもっとPRしたらいいのではないでしょうか。

◇レジ袋を減らして、環境大国に！

フィンランド　マルッキ・マリュッカ（東フィンランド大学。24歳）

私は、日本に、プラスチック、特にビニール袋やレジ袋の使用を減少して欲しい。なぜなら、ほとんどのプラスチックは分解するのが遅く、環境に有害である。日本に2回も留学した経験があり、1回目は高校生の時、山口県の長門市で、2回目は今年京都の龍谷大学であった。留学の間、ビニール袋、特にレジ袋の過大な使用に気がついた。

例えば、パン屋さんへ行く時は、次のようなことが起こる。パンを二つ以上買ったら、そのパンは一つずつ別々の袋に入れられ、その別々の袋はもう一つの袋に入れられる。コンビニでも同じようなことが起こる。熱いものと冷たいものは別の袋に分けられ、オレンジジュースなどの飲み物にいつもストローが付けられ、フォークやスプーンなどもプラスチックで作られている。例え水を一本だけ買っても、それもすぐ袋に入れられる時が多い。

もちろん、レジ袋は便利である。コンビニに寄る際には、カバンなどを持っていく必要がない。そして、パン屋さんの美味しいパンは帰る時もまだ綺麗な形を保っている。レジ袋は、丁寧なカスタマーサービスの根源の一つでもあるかもしれない。

しかし、レジ袋やプラスチックをたくさん使うと、環境や動物が苦しむ。未来の世代が健全な環境で過ごせるために、レジ袋などのプラスチックのものの使用を減らし、店に行く時、自分のカバンを持っていくべきだと思う。

例えば、フィンランドでレジ袋の使用を減少させるために、スーパーなどでレジ袋にかなり高い値段がつけられている。その上、プラスチックで作られているレジ袋も販売されているが、リサイクルしやすく、早く分解する紙袋も使用されている。しかし、ほとんどの人はレジ袋を買うより、自分の買い物袋を店に持っていくのだ。もっと多くの日本人も、店に行く際に、自分の買い物袋を用意したら、環境に良いのである。

日本にプラスチックの使用を減少し、環境のことを考えて欲しい。

日本が「環境大国」になったら、日本はもっと素晴らしい国になるでしょう。

◇「成人式」で暴れるなんて！

中国　徐广坤（青海民族大学。21歳）

中国のニュースで、日本の成人式の映像を見ました。私は日本のことがよく分からなくなりました。

何ですか、あれは。壇の上で誰かが話しているのに、平気で立ち上がったり、酒を飲んだり、タバコを吸ったり、踊りだしたり…。それを見ても、話をしている人は怒らないし、周りの人も注意しない。出たくなければ出席しなければいいのに、わざわざ式をぶち壊すためにやってきて、一人じゃ何もできないから仲間と一緒に暴れだす。

日本では法律が変わって、18歳から選挙権が与えられることになりました。つまり、18歳からは責任ある大人ということですよね。それなのに、なぜあんな子供じみた自己主張が許されるのでしょう。先生は「荒れた成人式はピークを越えた。あれは過去のことだ」とおっしゃっていましたが、本当でしょうか。あまり珍しくなくなったから、マスコミが報道しないだけではありませんか？

あんなバカなことをした人たちは今、社会の中でどんな顔をしているのでしょう。

もちろん、一部の人だけが犯した愚かな行為であることぐらい分かっています。偉い人の話がつまらないのは、日本だけじゃありません。中国だって同じです。しかし、中国には、あんなばかげたことをする若者はいません。私は彼らにも、それを注意しない若者たちや大人にも腹が立ちます。

以前、日本人の先生が「いじめ」について話した時、「周囲の無関心が最大の敵だ」とおっしゃいました。私もその通りだと思います。日本の文化を愛し、日本語を学ぶ者として、あんな報道はとても残念です。成人式で暴れるなんていう恥ずかしいことは、もうしないでください。

周りで見て見ぬふりをするのも同じです。どうか、気づいてください。

◇高齢者の「孤独死」をなくしてください！

ベトナム　ディン・トゥイ・ズオン（タイビン医科薬科大学卒業・病院実習中。22歳）

ある日、先生は「日本では一人暮らしの高齢者が死んだ後、しばらく経ってから遺体が発見されるということがよくあり、それを『孤独死』という」と話しました。日本の高齢者の多くが子供と離れて一人で暮らすと知っていましたが、子供が親に連絡をあまりせずに、親が死んでしまったことすら全然気付かないということに驚き、初めは信じられませんでした。

私はベトナムの医科大学の看護学部を卒業して、2年前、日本の和歌山県で一週間、病院と老人ホームで看護の研修を体験しました。老人ホームのお年寄りと話した時、一人のおばあさんが私をじっと見て泣き出しました。その時のことが忘れられません。

「あんたの顔は孫に似てる……。一年間、孫の声を聞いていないけど、ずっと会いたかった」。おばあさんは涙ながらにそう言いました。その泣き顔を見て、私は涙が止まりませんでした。

その時、私は気づきました。どこの国でも親は子供を愛しているのです。日本の一人で暮らす高齢者も、それは同じなのだと知りました。

高齢者は体が弱くなったり、体が自分の思うように動かなくなったりしますし、一人暮らしをしたら手伝う人も話す人も、家の中に誰もいません。一人で苦労して作業したり、一人で食事したりと、全部を一人でやらなければなりません。悲しい時も憂鬱な時もどんな時でも誰にも聞いてもらえず、一人で我慢しなければなりません。今、日本の「高齢者」の中にはこんな環境で生きている人が多いそうです。また、年をとると、体だけではなく、心も弱くなります。それなのに、大事な人がそばにおらず、連絡もないのです。それはどんなに寂しいことでしょうか。どんなにつらいことでしょうか。

ベトナムでは孤独死はなかなかありません。ベトナムの高齢者は子供と暮らすことが多いですし、近所の関係がかなり濃く、お互いに関心を持って助け合うことも、孤独死が少ない原因だろうと思います。

私は今、日本の若い人たちに、「孤独死のニュースを聞いて、心が痛くならないのか」と問いかけたいです。私の心はいつも痛んでいます。

年をとった親を一人暮らしさせないでください。親に寂しさを感じさせないでください。私たちが生まれたのは親のおかげなのですから。子供が親のことをよく気にかければ、親は幸せに生活ができ、孤独死の数も少なくなるだろうと思います。是非、日本人に考えてほしいです。

◇「敬語」だけに頼らないでください！

チリ　ハラ・ダニエル（植林会社・翻訳通訳係。25歳）

私の日本語の先生に、「日本人は言い訳をしない」と教えていただきました。そのことで、「敬語」は日本人にとって良いものですか？という疑問が頭に思い浮かびました。目上の人と目下の人の差をつけ、人と人の間に壁が建てられているみたいです。そして、「言い訳」のように思われます。

一般的に「敬語」は敬意を表すために使われています。「相手を立てたい」（尊敬語）と「自分を下げることで相手を立てたい」（謙譲語）。日本人は学校のときから敬語を使います。社会人になると敬語を身に付けなければなりません。就職活動や面接でも大事です。イメージ作りとも言えます。例えば、スーツ姿で面接に行っても、言葉遣いが悪いと採用されません。

日本人は、謝るときに「言い訳」をするかのように「申し訳ございません」と言います。理由を説明しない限り、「言い訳」にはならないと思いますが……。

辞書で「言い訳」を引くと「そうせざるをえなかった事情を説明して、了解を求めること。弁解。弁明」と書いてありました。そこで、教えていただいた言葉の意味を理解しました。

今年3月、私はあこがれの北海道・札幌へ旅行しました。帰りに、札幌から東京へ午後6時に出発する予定でした。ホテルの予約と手続きは、全部来日する前に用意しました。天気は豪雨で、強風が吹いて、予約しておいたフライトが遅延になりました。航空会社の日本人係員が度々「お詫びを申し上げます」と言い続けていました。丁寧な「言い訳」を繰り返しながら、9時半にようやく飛行機に乗せられました。到着したとき、終電やバスはもう、ありませんでした。空港で寝ることにしました。結局、航空会社から「お詫びの言葉」だけしかありませんでした。

お詫びだけで、或いは「敬語」で敬意を示しても、本当に相手に届くのでしょうか。綺麗言葉だけを言い残して、行動に移らない日本人がいるのではないでしょうか。「敬語」のせいで、迷惑をかけられた人もいます。間違って「敬語」に頼ると、非常に情けない姿を示すことになるでしょう。

若い世代が「敬語」をどう理解しているのでしょうか。昔の人々が「敬語」に与えた意味と異なっているのでは?と思います。人情を忘れてはいけない、他人への迷惑も考えなければなりません。

◇疲れている時は、休んでください！

インドネシア　マリア　フロレッタ　タンダウィジャヤ（通訳者。23歳）

国人に「日本はどんな国なのか？」と聞いたら、大体の人が「技術が優れていて素敵な国だ」と答えます。日本に住んでいると生活が楽になって、みんな幸せになるはずですが、ニュースで「過労死」や「過労自殺」の話題がよく出るのはなぜでしょうか？と疑問に思ったことがあります。私は、インドネシアのブラウィジャヤ大学で日本語を勉強し、昨年5月に神奈川県に来て、東南アジアの実習生をサポートする仕事をしています。

私の国にないことをたくさん見て驚きました。店に入る時、店員さんは必ず「いらっしゃいませ」と言ってくれます。私の国では挨拶する店もありますが、しない店の方が多いです。私の国では、電車が20分遅れるのはよくあることで、謝るほど大きい問題じゃないと思いますが、この間、台風で東海道線の電車が2分遅刻したら、「電車が遅れてしまいまして大変申し訳ございません」と駅でアナウンスがありました。

私は、よくお客様の会社を訪ねますが、大体のお客様のオフィスに、「会社に貢献する」や

「お客様第一に考える」という会社の理念が貼ってあります。それを見て、日本企業はお客様のことと、会社のことをすごく大切にしていること理解しました。それはいいことですが、悪い面もあります。

日本人の友達と話をすると、「まだ8月上旬なのに残業はもう20時間」、「先週は休まずに働いた」、「仕事終わるのは朝1時なのに5時にまた出勤しないといけない」という不満をよく聞きます。

「なんで休まないの?」と聞いたら、「私が休んだらこの仕事をやる人がいない」とか、「早めにやらないとクレームになる」と友達が答えました。

お客様に不満な気持ちをさせたくないから頑張っている日本人は、本当に素晴らしく、尊敬しています。しかし、他人のことばかり考えて自分のことを犠牲にするのはあまり良くないと思います。それが、日本に「過労死と過労自殺」が多い一つの原因だと思います。

少しわがままかもしれませんが、頑張っている日本人に、疲れている時には素直に「疲れた」と言って休んでほしいです。そして、自分のしたいことをしたり、家族と一緒に時間を過ごしたり、疲れている体を休ませたりして、幸せになってほしいです。

◇もっと、「自然災害に強い」日本に！

韓国　キムジョンアン（金正眼）（京都精華大学・留学生。24歳）

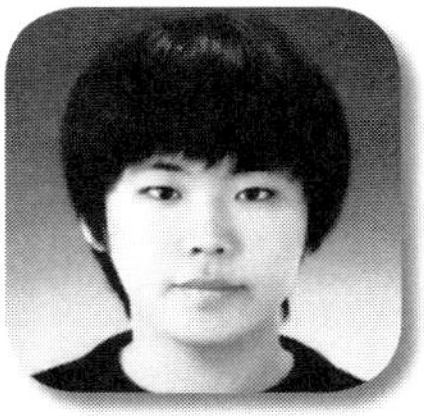

私が日本での生活を始めてから半年が過ぎた。初めて日本に留学を決めたとき、周りの人々が最も心配していた部分は日本の自然災害だった。日本は韓国より地震の多い国だったからである。私は北朝鮮と休戦国家である韓国の方がさらに危険だと思ったので、あまり気にしなかった。家族にも私の生活する京都は自然災害が少ないところだと説明して安心させた。

しかし、私が日本で生活を始めて４カ月後の２０１８年６月18日、震度６弱の大阪北部地震が発生した。京都では文化財への被害が相次いだ。２０１８年７月の西日本豪雨では、多くの人が死傷または行方不明になった。９月には北海道で、震度７の大きな地震が起きた。他にも、猛暑が続いて多くの人々が苦しんだ。自然災害で人々が被害を受けていることを知ると胸が痛い。

韓国に住んでいた頃は、ニュースやインターネットなどを見て日本で起こる自然災害のことは知っていたが、深く考えたことはなかった。だが、今は日本での生活を通して事件の一つ一つを深く考えるようになった。

日本は、他の多くの国よりも安全対策が強化されている国であることは知っているが、自然災害が多い国だからこそ、安全対策が必要だ。自然災害で被害を受けた人々のほとんどは高齢者や子供であった。彼らは丈夫な大人と違って、自然災害が起こったときに無防備な状態であった。大阪北部地震で最も痛ましかった事件は、小学生が学校の塀が倒れて死亡した事件だ。突然の災害のために起こった悲劇的な事件だった。

もし完璧な地震対策があったら、このような悲劇は避けることができたのではないか、という考えが頭の中から離れない。今でも多くの人々が努力しているという事実は知っている。だが、現在の自然災害対策に満足していては、一層悲劇的な事件が起こると私は心配している。

自然災害が起こった時に、高齢者や子供が少しでも安心できるように、多くの人々が強い関心を持つ必要がある。地震など、どんな大きな自然災害がやってきても、高齢者と子供を守る「自然災害に強い」日本になってほしい。

そうなれば、もっとたくさんの外国人が安心して日本を訪れるでしょう。

◇知ってください！「日本への愛」

スペイン　レナ・カルボ・ゴンザレス（NGO職員。46歳）

私は7年前に一人で日本語を学び始めました。今、日本と私は特別な関係で結ばれている。そう感じるのは私自身だが、結局のところ、それはいつも特別なものかもしれません。しかし、本当に日本を思う気持ちに独特なものだと感じる。私の内面からわき出るもの。その気持ちを表現したい。そして、伝えたい。無私なる私の思いを「日本」にささげたいという衝動が自己の中に生まれるのを感じる。

いつどのようにこの感情が生まれたのか私自身はっきりしない。何歳だったのだろう、私はまだ子供でした。それはスペインのマラガの劇場で姉といっしょに「歌舞伎」の上演にうっとりと見入っていた。その感情は今もはっきりと覚えている。

そして、初めて見た日本の映画は「雨月物語」でした。素晴らしい思い出がよみがえる。初めて日本の小説や短歌を読んだとき、深く魅了され驚きにつつまれた。何か新しいものを見つけたり、何か新しいものを発見したり、学んだりする度に、同じ感覚に襲われる。「歌舞伎」を通じて日本の世界へ引き込まれたように日本の文化、歴史、社会など日本独自の世界観に引かれています。

霧や雨、青々とした森林や自然の海がある日本。前世、私はそんな所に住んでいたのだろうか。だから日本の芸術の奥深い感情を感じとることができるのだと思う。例えば、「もののあわれ」――すべてを染み込ませるような甘い憂うつ感。その甘い憂うつはすべてを包むようだ。

私の心の中にある日本はいつも美しい。どの国もそうですが、日本も完璧な国ではありません。しかし、私にはその不完全さがまた魅力的であり、それがあるからこそより一層日本のことが好きである。全ての美徳を輝かせます。

でもまた、私をそんなに魅了する日本の特別な特性は何なのだろう。私を引き付ける感覚は論理を越えていて、私自身とまどってしまう。心のすべてを言葉だけで表すことはできない。

私は諦めない。海女のように広大な海に身をまかせたり、詩人の通るべき狭き道を旅したり。もっと知りたい、もっと発見し、もっと学びたい……。それが私にますます必要になってきた。時間がたってもその気持ちは薄れるどころか、増していく。

日本に「暖かく、甘く、絶え間ない愛」を感じる私の感覚を、日本の人たちに知ってもらいたい！

◇すべて、「ありがとう！」の一言です

中国　李　雪（貴州大学。24歳）

私が日本に言いたいことは何だろう。いろいろ考えてみたけれど、「ありがとう」しかない。

多分私と同じ世代の中国人はみんなアニメのおかげで、小さい頃から日本という国を知った。小さい時の私にとって、日本には、ドラえもん、ウルトラマンやセーラームーンなどの超能力を持っている人たちがたくさんいて、まるで夢の王国のような存在だった。私の中では彼らが単なるアニメのキャラクターだけど、私に色んなことを教えてくれたなかまたちだった。ドラえもんを見て、友達はお互いに助けなければならないと分かった。ウルトラマンを見て、私はどんな強敵に対しても頑張れば可能性が必ずあると分かった。セーラームーンを見て、何かのトラブルに向かって仲間との協力が大事だと分かった。小さい頃の私は彼らからたくさんのことを勉強した。日本のアニメに「ありがとう」を言いたい。

そして、アニメが好きなので、大学の専攻を日本語にした。大学に入ってから、初めて日本人

と会った。その中には、優しく私と日本語会話の練習をした日本人のスピーキングパートナーがいた。親切に私の勉強を指導した日本人の先生がいた。わざわざ日本からお土産を持ってきた日本人の留学生もいた。元々歴史が原因で、私は日本人に対するイメージがそんなに良くなかったけど、その人たちと会って、そのイメージが一変した。たくさんの日本人にお世話になって、私はその人たちにとても感謝している。それらの日本人たちに「ありがとう」を言いたい。

この前の、サッカー・ワールドカップの試合が終わった後、日本チームが自分の控え室をきれいに掃除してから離れた。そのことが中国のネット上で熱く話題になった。日本チームの行動は、たくさんの中国人を感動させた。普段日本に関心を持ってない友達も日本チームに影響を受け、みんなは周りの環境の大切さに気づくようになった。後で掃除する人が来るから汚してもいい、というわけではないことが分かった。たくさんの中国人にいい影響を与えてくれた日本チームに「ありがとう」を言いたい。

人生のいくつかの段階で、さまざまのことがあった。「日本に言いたいこと」も、その時々にたくさんあった。でも、すべて、「ありがとう」の一言になると思う。

◇日本のお年寄りは「働きマン」！

中国 周　益（黄岡師範学院。20歳）

夏休みを利用して日本へ行った。そこで一風変わったことを目の当たりにした。

あれは友人と一緒に民泊の近くにあるコンビニで買い物をした時に出会ったことだった。お腹が空いていた私は、急ぎ足でコンビニに駆け込んで、棚に置かれてあるサンドイッチとヨーグルトをためらわずに手に取り、レジに向かっていった。と、レジに立っていたのは70歳前後に見え、シワがはっきりしている白髪頭のおばあさんだった。彼女は痩せこけた両手で商品をスキャンしてからビニール袋に入れて私に渡した。そして、微笑みながら元気そうな声で「お客様、ありがとうございました」と私に言った。

その瞬間、私はおばあさんのやる気に驚かされ「あ、ありがとう！」と訥々と返した。コンビニを離れてからも、あのおばあさんの働き姿がどうしても忘れられない。「ずいぶん年を取っているのに、どうしてまだ働いているのか」と私はずうっと考えていた。その後も、多くの働いているお年寄りの方々を目にした。タクシーの運転手さん、レストランの店員さん、背広姿の会社員さんなどなど。これは中国では絶対お目にかかれない日本の独特な一面であろう。

私の印象では、中国の人々は定年退職した後、大多数は孫の世話をしたり、旅行したりして、のんびり過ごしている。日本のお年寄りもきっと中国のお年寄りと同じようにのんびり過ごせるはずなのに、どうして、お年寄りの皆さんは働き続けるという道を選んだのだろうか。

理由は分からないが、日本のお年寄りの働く姿に感心した。自分が年を取っていることは誰よりも分かっているであろう。それでも、働き続ける。そのしっかりしている目つきから私はすこし理解できたような気がした。ちっとも目立たないことかもしれないが、お年寄りの皆さんはきっと命の最後まで他人のために、社会のために奉仕をしたいと考えているのだろう、と私は密かに思った。

「働きマン」の日本のお年寄りの皆さんは、尊敬すべき高齢者です。

◇「配慮」し過ぎないでください！

中国　李文博（河南科技大学。21歳）

日本人といえば頭に浮かぶのは日本人の「配慮」です。人と付き合うとき、「思いやり」があれば相手は喜びます。しかし、やり過ぎると、かえって他人も自分も迷惑をかけるかもしれない。日本人は、「もっと、自分の考えをはっきり伝えてください」。

日本という国は「礼儀正しい国」といわれています。日本人の誇りであり、日本のサービス業は世界で一流です。それだけでなく、日本製品の中にも日本人の「思いやり」が含まれています。

例えば「箸」です。箸はもともと中国の伝統的な食器で、中国の飲食文化の代表的なものです。ところが、今の中国のレストランが使っている箸は主にプラスチック製品です。これらの箸は、確かに衛生的で長い時間使えます。しかし、このような箸はすごく滑りやすくて、使いにくいので使用感がよくないです。日本人はその問題を意識しました。そして、いい解決方法を見出しました。日本製の箸はその先の部分に「ねじ山」が付いているのです。このような細かいところでも、日本人の「思いやり」が発揮されています。

しかし、物事が極まれば反対方向へ転化します。日本人の配慮も同じだと思います。

例えば、日本人は「いいえ」と、正直に言えません。それに、日本語はたくさんの曖昧表現があります。そのような言葉は、外国人の私たちにとって、ほんとうに困ります。日本語の一番難しいところです。

私はこのような体験をしました。二年生の時、会話の授業を教えている先生は日本人の方です。ある授業で、私は「先生、私の会話文は何か問題がありますか」と聞きました。そして、先生は「特にありません」と答えました。その時、私はほんとうに困ってしまいました。「特にありません」とは、どういう意味ですか。あるか、ないか、分からないです。曖昧表現を勉強した後に、私はその意味が分かりました。

日本人同士ならいざ知らず、外国人と付き合うときは、言いたいことをはっきり言うべきだと思います。そうしなければ、話し手と聞き手の間に誤解が生じることになります。

◇成長させてくれた「将棋」に一礼！

中国　孫　斌（浙江中医薬大学濱江学院。22歳）

私は高校生の頃、「月下の棋士」という漫画がきっかけで日本の「将棋」に魅了された。日本の「将棋」は中国の「象棋」とは異なる魅力に溢れていた。「将棋」の駒は敵陣に入ると裏返って、強い駒になる。「象棋」にはないルールだ。ネットで詰将棋の本を買ったり、ネット将棋で腕を磨いている。

「将棋」のルールで一番仰天したのは、相手から取った駒を自分の駒として再利用できることだ。「象棋」の視点では、こんな奇想天外なルールはあり得ない。

日中両国の歴史を振り返ってみると、中国では戦争で敗北した国は町が破壊され、捕虜になった兵士は命まで奪われてしまった。逆に、日本の場合は、捕虜を皆殺しにするのではなく、彼らのけがの手当をして、寝返らせて自軍の攻撃要員として活用したこともある。捕虜たちの裏切りは、日本の武士道に反するのではないかと思うが、よく考えてみると、それは古来より日本人の中にある「以前は敵だった相手でも、一旦所属したら組織の中でできることを精一杯する」という精神の現れなのかもしれない。

「将棋」の対局を始める前には、必ず「お願いします」と丁寧に挨拶する。投了する時も、潔く「負けました」と失敗を認める。一局終わったら、必ず感想戦を行う。相手と意見や経験を交換したりして、共に上達していく。「将棋」の対局を重ねて、そういう日本式のマナーや謙遜さもいつのまにか私の心を隅々まで染めた。

終盤で、絶体絶命の窮地に追い込まれても、諦めず、粘り強く最後まで戦うことの大切さを「将棋」は教えてくれた。「将棋」に明け暮れているおかげで、困難にぶつかった時も、即座に逃げるのではなく、じっくりと打開策を考えることが、私の一つの習慣になった。将棋によって精神面も鍛えられたのだ。

たかが「将棋」、されど「将棋」。個性溢れる駒たちを効率よく配置して、81マスの戦場で演出する壮絶な物語を満喫するのは、たまらない醍醐味がある。

「将棋」と出会わなかったら、これほど視野が広がることもなかっただろう。「将棋」が私を大きく成長させてくれた。感謝の気持ちを込めて、「将棋」と、それを創りあげた日本という国に一礼したい。

◇「カバー文化」は日本の生命力の源泉

中国　李登宇（河北工業大学。21歳）

「読書は学問の術なり　学問は事をなすの術なり」。私は子どもの頃から、この福沢諭吉の言葉が大好きだ。その時に福沢諭吉さんはどんな人か知らなかったが、私の心に日本と縁を結ぶ種をまき、ある日独特の「カバー文化」と出会った。

大学一年生の夏休みに友達と一緒に日本へ観光に行き、偶然街角の本屋に入ってとても気に入った文庫本を見つけた。カウンターの前で支払う時、「カバー、おかけしますか」と店員はにこにこしながら聞いた。「えっ？　カバー？　それは小学生しかできないことではないの？」私は一瞬呆れたが、すぐに「はい、お願いします」と喜んで答えた。その後、日本人は本を汚したり、壊れたりしないように、大体の本屋はカバーを無料で提供し、人々に本を持ち歩けていつでも読める便利をもたらしてくれることがわかった。私はしみじみ感心した。中国ではそんなに思いやりのあるサービスが絶対ないので、いまだに日本人がすごく本を大切にするイメージを私の心に焼きつけて離れない。

しかし、中国人を見ると、そのいい習慣を持っている人はほとんど見えない。ニュースによれば、近年中国のGDP成長率が高いが、心配したことに、国民の読書の量がだんだん下がっている。その現象の原因を追及すると、スマホの普及と電子書籍の流行が元凶だ。日本は少しショックを受けるといっても、依然無我夢中に本を読む姿が見えるが、中国ではどこでもスマホを弄る「うつむき族」が見えてばかりいる。この現象は本当にいいか？

最近日本文化の授業で俳句を勉強し、松尾芭蕉の作品を読んだ。普通の教科書だけど、あっさりしたページ、インクの匂い、ページを捲る時のかさかさとした音は、目、鼻、耳などの全部の感覚器官で俳句の精髄を感じさせた。価値がない情報に妨げられずに、人生と宇宙の哲理を知り尽くすだけでなく、心境も広くなる。それは代えられない体験だった。

福沢諭吉さんの言った通り、いつまでも読書を大事にしないといけない。個人はもちろん、国にとっても欠かせないものだ。国を人間に喩えるなら、経済と科学技術は生身で、本がキャリヤになる歴史と文化は魂のような役割を果たし、国に生命力を注ぎ続けてくれる。先人の成果を受け継がないと、もっと素晴らしい国を築けるわけがない。

「カバー文化」の裏に、日本人は読書に対しての熱心さを含んでいる。これは日本が先進国として世界の先頭に立っている鍵なのかもしれない。

◇ＬＧＢＴが差別されない日本に！

タイ　タイラット・シリブンマー（ウボンラチャタニ大学。21歳）

あなたが知っている日本はどんなイメージですか。日本はきれいな町で、日本人は熱心な人が多いですね。しかし、この事を知っていますか。

それは、「ＬＧＢＴ」（性的少数者）のことです。

あなたは、周りの人を観察することがありますか。同僚や友人、そして自身の子供です。もし、あなたの身の周りの人がＬＧＢＴだとわかったら、どうしますか。何も言わないですよね。でも、皆さん知っていますか。その本人がどう感じるか、ということ。

彼らは悩み、苦しんで、社会の汚点になると恐れると思います。親に失望されると恐れると思います。彼らは打ち明けることで、何かが変わってしまうのではないかと不安を感じると思います。このように、色々な不安を抱えるのはとても大変です。

彼らは同じ人間ではないのですか。どうして他の人と同じように幸せになれないのですか。どうして日本の社会では受け入れらないのですか。

色彩に富んだ、多様性のある国になることで、日本人はより幸せになると思います。そして、様々な問題が解決すると思います。例えば、いじめで思い悩むことや、自殺の問題です。

私は彼らに、外国人のようにオープンになって欲しいです。彼らは夢があって、それに向かって歩きたい。今は何の時代ですか。差別をしないで欲しいです。お願いです。

ＬＧＢＴは社会を駄目にはしません。テロリストグループでもありません。ＬＧＢＴは生まれてから、なりたくてなるわけではありません。性別がどうであれ，性格の良い人であれば問題ないんじゃないですか。

日本の社会は、海外のＬＧＢＴに対する考えに賛同し、受け入れるべきです。日本は可愛い町で、アイドルの町です。ＬＧＢＴに対する考え方、社会が変われば、日本はさらに差別のない社会として、世界に有名な国の一つになると思います。

◇「外来語」と「カタカナ」を分かりやすく！

タイ　ウイリヤー・タンチットウィリヤクン（ウボンラチャタニ大学。21歳）

私は日本人とあまり話すことがないのですが、大学で日本語を勉強していますから、日本の教科書や漫画や小説などをたくさん読みました。日本語と言ったら漢字が一番難しいと思う人がたくさんいるかも知れないですが、私は日本の「外来語」と「カタカナの使い方」が本当に難しいと思います。なぜそんなふうに使うのだろうかと、気になっています。

外来語は、もし英語からとって使う言葉なら、英語とそっくりに言えばいいのではないでしょうか。

たとえば、「コンピューター」と言えば、外国人はすぐ分かるはずです。しかし、音が変わってしまう言葉は問題です。たとえば、「ジャンル」は「GENRE」からの言葉ですが、そっくりに言うなら「ジャヌラ、ジャンラ」で、「ジャンル」は「ジェネラル」とちょっと似ているので、勘違することになります。その上に、「スマホ」のように短くした言葉も外国人は理解できないです。

ふつうに簡単に言葉を短くするには「SMART PHONE」から「SM」にしますが、「SMA-PHO」はありえないと思います。さらに、英語だけではなく、他の言語もあるし、英語か、日本語か、何の語か、外国人には分かりにくくて、本当に難しいです。

また、日本語のカタカナの使い方はちょっと問題があります。たとえば、外国人の名前をカタカナで書くと別の名前になってしまうことも多くあります。「MacArthur」をカタカナで書くと「マッカーサー」になってしまって、「LEE」をカタカナで書くと「イー」になってしまいます。

これはとてもわかりにくかったです。でも、私は大学で日本語の文法だけではなく、日本の文学や社会学や言語学も勉強して、日本語は使う音が少ないし、字も少ないので、こういう書き方になってしまうんだと理解できました。言語と社会によって言葉は違います。そして、私も外国人ですから、ときどき日本の言葉が分からない時や、思い出せない言葉があったら英語を使います。もし、その言葉が日本の外来語にあったら、話を続けられるし、便利です。

どうか、「外来語」と「カタカナ」をやさしく、簡単に、分かりやすいように、オリジナルとそっくりに使っていただけないでしょうか。

◇もっと「新興の力」で、発展を！

中国 周孝誠（京都大学大学院・留学生。24歳）

日本」と付き合って今年で7年目となった。6年前の2012年、中国の大学で、日本語の専攻をきっかけに本格的に日本の言語、文化、歴史などに全面的に触れ始め、今では留学生として日本本土で大学院教育を受けている。だが、時の流れに伴って、日本に対する考え方は激しく変化した。

中国の大学で受けた日本のイメージはほとんど完璧なものであった。美しい風景、清潔な町、礼儀正しい人々、中国に劣らない文化……。それらに加えて、私が大好きなアニメがある。以上のすべてこそが私の今までの日本語学習を支えている。

諺にもあるとおり、百聞は一見に如かず、だ。他人であろうが、メディアであろうが、第三者から受けた情報はさすがに現実とある程度の距離を隔てている。日本にいる時間が長くなればなるほど、日本の完璧ではない部分に多く気づく。とくに、最近来日した中国人が、一番最初に感じるのは現金決済の不便さだろう。

また、約30年前のアニメを見ると、自分の部屋とほぼ同じデザインのシーリングライト（天井の照明器具)、ティッシュペーパーなどの生活用品が現れた。「変わらない日本」に、一瞬、恐怖に襲われた感じがした。

変わらないのはものだけではない。総合人材サービス会社ランスタッドが２０１７年に実施した調査によると、「起業したいと思わない日本人」は7割弱となっており、起業意欲は世界で最下位であった。大学時代のある授業で、先生は「日本の百年以上続いている企業の数は世界一だよ」と私たちに教えてくれた。今振り返ってみれば、歴史の長い企業の膨大な数がある半面、今日の日本は、イノベーションや起業に非常に消極的な国であることを証明しているのではないか。Ａｉｒｂｎｂ(宿泊施設のウェブサイト)、Ｕｂｅｒ(配車アプリ)、電子決済など、世界中で大活躍している新しい事物は、日本にくると成長が難しい。ソフトバンクの孫正義氏が講演で「こんなばかな国はあるか」と激しく批判したわけだ。

心から、日本に言いたい。日本は、「新興の力」により多くの注目を集めるべきだ。若者にイノベーションや起業を奨励し、新興の事物をよりオープンに受け入れてみたらどうだろうか。かつて日本は明治維新を通して多くの改革とイノベーションが実施された。戦後期にも沢山の起業家が生まれた。

日本は、もっと「新興の力」に注目し、それを推進するプロセスの中で発展していくことを願っている。

◇広まってほしい日本人の「強い協力意識」

オーストラリア　イサベラ ソング（ニューサウスウェールズ大学。20歳）

日本人の精神や特徴というのは、「礼儀正しさ」と「強い協力意識」を持つことだと思います。

それらの精神は2018年9月に起きた北海道地震（北海道胆振東部地震）でも反映されました。これだけの地震で被害を受けながら、ほとんどの日本人は混乱の中でも秩序と礼節を保ち、悲劇に直面しても冷静さと自己犠牲の気持ちを失わないことは尊いと思います。この「静かで勇敢な」日本人の精神は世界中の人を驚かせました。

北海道地震の震源は発電所が建てられた厚真町の近くでした。今回の地震では、電気、水道、ガスが止まり、電車も運行することができず、帰宅困難者も多く出ました。しかし、そのような事態になっても、大きな混乱もなく、人々はバスやタクシーを待つ時も整列し、食べ物や飲み物などを譲り合い、協力しました。日本人は、このような緊急時でも冷静で礼儀正しく他人のことを考えて行動することができるのは素晴らしいと思います。

他の国ではこのような状況になったらすぐに暴力事件が起きたり、人々は身勝手に自分のことを最優先したりします。確かに、日本人は津波、地震などの自然災害は常にあるものだと覚悟しているのでしょう。自然災害に対して、多くの人が大変なことではないように振る舞い、冷静な態度でいられるのは、昔からの日本人の災害に対する経験によるものです。

日本人の協力意識や共同体意識も長い年月の中で育まれたと思います。それぞれの国でも相互協力の意識は存在するでしょうが、日本人の「協力意識」はとても強いと思います。

ですから、地震が起こっても死亡人数が少ない、町も早く元気になれるのだと思います。人々を助けるために、レストランやコンビニはペットボトル入りの飲料水を無料で提供し、トイレを開放しています。日本の政府も、国民も、いつでも何処でも冷静で礼儀正しい行動をしていることを、他の国々も学ぶべきだと思います。

日本人が「協力意識」と「礼儀正しさ」を備えている理由は、日本の自然環境や自然災害に対する「心構えの精神」ができているからなのでしょう。大震災の時に助ける方も助けられる方も「感謝の気持ち」を忘れずに、効率的な作業で被害を早めに建て直すことができるのは、このような日本人の精神があるからだと思います。

これまで7回、日本へ行きました。来年は、日本へ留学します。「礼儀正しさ」と「強い協力意識」を持つ日本人の精神が、世界に広まることを信じています！

◇「精神の病」に助けを求められる日本に！

インド　シリピリヤ（主婦。27歳）

日本では「自殺」は社会的にタブーな話題で、公的な場で議論されることが少ない。

昨年だけで日本では、10万人当たり16・8人の自殺が報告された。日本の自殺率は、世界で最も高いわけではないが、先進国の中ではかなり高い。「自殺」で影響を受ける家族にとっては、カウンセリングやサポートについて相談できる場所が、事実上なかった。人々は「自殺は利己的な行為だ」と思っていた。

日本に「引きこもり」と呼ばれる若者が多い、と言われている。また、アパートで、独りで死んでいく高齢者も少なくない。高齢者や若者が、日本に対する怒りや欲求不満を表現する方法が少ないのではないか。経済の事情やテクノロジーの進歩がストレスを増大させて、若者や高齢者の孤独感を深めるかもしれません。それが続くと、日本の文化にも悪い影響を与えるのではないか。

「引きこもり」は、もともと「社会的撤退」を意味する用語だったが、「社会からの逃避」だろう。しかい、日本の精神ヘルスケアシステムは、日本はそうした状況に対応できずに、混乱しているようだ。精神科医の数が不足していること。臨床心理学者と共に働く精神科医の伝統も少ない。「精神の病」を患う人は強力な向精神薬を処方されているが、西洋と異なり、患者がカウンセリングを求めるように勧告することが出来ないことが多い。

礼儀正しく、丁寧な日本人は一般的に、公然と公衆の面前で、不平を言ったり、文句を言ったりすることはめったにない。このような資質は心的外傷を引き起こすと思います。

恥や忠誠心などが日本の文化に根強いものになっているが、長時間の絶え間なく続く勉強や仕事など、自殺率が高い一因になっているのではないか。そうしたことが続けば、国家としても危機に直面することになる。

「精神の病」について、助けを求める日本人は少ない。日本はもっと「精神の病」について、沈黙を破って、オープンに話し合えるようになってほしい。「メンツ」は心の中心にあるが、「メンツを失うことは恥ずかしいこと」と信じている日本は、助けを得られることが難しい。「精神の病」は、怖くて奇妙なもので、人を苦しめるだけのものではない。

「精神の病」について、もっと気楽に「助けを求める」ことが出来る日本になってほしい。

◇「お金を一番に考えすぎている」

ミャンマー　ティン　ガ　アウン（東京国際交流学院・留学生。20歳）

日本に来て最初のうちは日本語ができなくて困りました。ミャンマーに帰りたいと思うこともありました。ですが、次第に日本にいることが楽しくなりました。それは、日本の良さがわかってきたからです。みんなルールを守るので町はきれいだし、自然も多く、季節によっていろいろな姿になります。それに日本人は、人が見ていないところでも、ごまかさずに真面目にやります。日本はすばらしいことがたくさんあります。

しかし、日本に暮らしていて、日本人の良くないところや日本人が直したほうがいいと思うところに気がつきました。それは日本人が「お金を一番に考えすぎている」ことです。お金さえあれば人を自分の好きなようにしてもよいと考えている人もいます。例えば、大人の中には、お金で未成年の女の子たちを買おうとする人もいます。一部の子供たちが大人によって傷つけられているのです。少女たちも目先のお金をもらうことばかり考えていて、自分のしてしまったことを後で後悔することになるということに気づけていません。そういった子供たちを守ってあげなくてはいけないと思います。

テレビでもお金に関してのニュースをよく見ました。お金のために人をだます事件もあります。キャバクラで働いている女の人が、お客さんをだまして、いっぱいお金をもらっているのを見て驚きました。そのだまされたお客さんは自分の働いている会社のお金を盗んで女の人に渡していました。

私の国、ミャンマーはまだまだ貧しい国ですが、良い意味でお金のことをあまり大事に考えていない人が多いと思います。例えば、飲食店を経営している人が夕方家に帰ってしまったりします。また貧しくても、お客さんが来たら喜んでご飯を用意して歓迎します。お金だけでなく、家族や人とのつながりをとても大切にしていると思います。

私は今、日本語を学んでいますが、日本語学校を卒業したら専門学校に進んで、エンジニアになるのが夢です。これから先、日本で生活していく中で、日本人の考え方や習慣をもっともっと身につけていきたいと思っています。しかし、私の国ミャンマーの良いところ、お金だけではなくて人とのつながりを大事にするということを忘れないでいたいです。

また、そういうことを人に伝えていけるような人間になりたいと考えています。

◇低すぎる女性の社会的地位

ドイツ　トーマス・ゲアケ（ソフトウェアディベロッパー。33歳）

日本はハイテクで世界をリードする国だ。東京に降り立てば誰もがそれを目の当たりにする。しかしながら、その様相に相反する現実が存在する。女性の社会的地位が低過ぎることだ。

日本語を10年勉強しているが、インターネットやDVDで、日本のテレビドラマやCMを見ると、幸せそうな家庭で微笑みを絶やさず献身的な母親像が溢れ、優しくて、ちょっとおっちょこちょいな母親がいる。主人公の女性は凡人で健気に頑張るが、必ず男性の助けを必要とし、仕事ができる優秀な女性は美しいが、性格が悪く、協調性がない場合が多い女性像が多いと思う。

日本に限らず、他の先進国でも女性は子どもの時から色々なことを制限されている。それは躾の一つとして親からはもちろん、社会的にも当然のこととして行われる。その制限は、しぐさや行動、感情表現、身だしなみや口調、あらゆることに及ぶ。そんな状況下で女性は次第に自分でリミットをかけ、諦めることを学ぶ。それが顕著に表れているのは、日本の小学生を対象にした将来の夢についての調査だ。男子はスポーツ選手や医師、研究者など高収入でアカデミックなものが少なくない。それに対し女子は、医師もあるが、看護師、保育士や食べ物屋さんなど生活に直接かかわるものが多い。

なぜ「夢」にも男女差が出るのか。それは、社会のリーダーとして活躍する女性を目にする機会が著しく少ないからではないだろうか。そしてテレビをつけても前述の女性像しかないのなら、有能な嫌われ者より、凡庸な人気者になりたいと思うのが普通なのではないだろうか。

ニュージーランドでは、約11年にわたる女性首相の後に男性が首相になったニュースを聞いた男の子が「男でも首相になれるの？」と言ったという。この話の男女が逆だった場合、それほど新鮮さはないのではないか。

政治家の発言を聞いていると、未だに女性は昔ながらの役割を押し付けられているのが分かる。それが先進国の日本で当然のこととされていることに驚きを禁じ得ない。当事者の女性だけでなく、男性にだって想像力さえあればいかにこの状況が異常なことか分かるはずだ。我慢するのではなく、声を上げなければならない。＃ＭｅＴｏｏ運動が日本で大きなムーブメントとなって女性の社会的地位が正常化し、いち早く本当の意味での先進国の仲間入りを果たすことを願ってやまない。

◇優しい日本の人たちに支えられた「日本留学」

中国　朱新玲（常州大学。22歳）

大学二年生の時、やっと念願の日本に留学することができた。たった五カ月、されど五カ月。この留学生活で私の考えは大きく変わった。以前の私にとって、日本人は「礼儀正しい」、「他人に迷惑をかけない国民」だが、「どことなく冷たい距離感を感じる存在」だった。しかし、今は違う。

留学先の近畿大学では、学習だけでなくすべてにおいて留学生をサポートするファミリーがいた。そのファミリーとの初対面の時、私はなんとか挨拶したものの、自分の間違えた表現にバツが悪くなった。しかし、彼女は「2年半で日本語がこれくらいまで話せる人は、朱さん以外いないよ」と、言ってくれた。そして、こう続けた。「大学の時、私の専門は英語だったのよ。だから、不安な気持ちもわかる。でも何でも挑戦が大切！　一緒に頑張ろう」。彼女の優しさはまっすぐに私に心に届いた。

それから、彼女はずっと私を励まして支えてくれた。「かわいそうね」と言って慰める同情ではない。その時その時の私の立場や思いを冷静に想像して、的確なアドバイスをくださった。

「相手の立場を想像しての言動」、それは、この留学期間、最も感動し、尊敬できた日本人のよさである。商品を使う人を意識した細かいデザイン、授乳室や女性専用車両など、日本人の「思いやり」という独特の優しさを感じた。何よりも相手の立場を思いやることからできることなのだ。

帰国する日、学生証を返却するために学校に出かけた。朝早いこともあり期末の学校はちょっとひっそりしていた。その日は冷たい雨が降っていた。留学する前は、長いと思っていたの5カ月間があっという間に終わりを告げた。私の心の中も冷たい雨だった。ところが、思いもかけなかったが、サポートファミリーがいたのである。「また日本に来るときは連絡してね。そして、日本語の勉強、頑張ってね」とお土産と手紙を手渡された。その瞬間、私は言葉を失った。駅への道、小さいたこ焼き屋さんのおじさんは、私が帰国すると知って「自分で撮った写真だよ。お土産によかったらどうぞ。またぜひ日本にきてね」と笑いながら言った。その優しさにまた涙で目が霞んだ。

今考えてみれば、日本で出会った人みんな優しい人だ。彼らに支えられた留学生活だった。そう考えると雨の冷たさはなくなり、心も温かくなった。日本人の「相手の立場を思いやる優しさ」は、世界で誇れる日本人のよさだ。このことを日本人に伝えたい。そしてお礼を言いたい。

◇「迷惑をかけること」を恐れないで！

中国　李明月（山西大学。20歳）

他人の目が気になって仕方がない――このような生き方は、日本人特有の「他人に迷惑をかけてはいけない」という価値観だ。日本人の第一印象と言えば、丁寧さと過度に己を律する態度、が思い浮かぶが、私には理解できない。

人類は言語を用い、複雑な社会組織と先進的な科学技術を有してる。特に団体や社会を築くことで、お互いに支持と協力の目的を達成することができる生物と言われている。もし組織から離れたら、一人では生きていく術がない。この社会は人と関わっていかなければ生きられない社会だ。

日本では子供のころから、「他人に迷惑をかけてはいけない」などと言われて育つから、他人の思わくと視線が行動の基準になる。例えば、「電車でベビーカーは迷惑」、「公共の場所で泣き叫ぶ子供は迷惑」、「泣き叫ぶ赤ん坊は外に連れ出すな」など。これら「他人に迷惑をかけてはいけない」という価値観が、逆に、寛容性のない社会を形成しているかもしれない。

しかし、中国では全く異なっている。古代から現在まで、私たちにとって「人を助けるのは楽しいこと」だから、他人を助ける人は皆の学びの対象となる。人から「必要とされる」ことを誇りに思う。

何かをするときに、「これをすると迷惑がかかるかも……」といちいち気にしていると、何もできなくなってしまう。この社会の中で何かをしようとすれば、必ず誰かに何かの影響を与えている。

「体調が悪くても仕事をしている」という「迷惑をかけない生き方」が、実は他人に迷惑をかけている。仕事の効率が落ち、ミスを生む。少数の人は「生きているだけで、自分が他人に迷惑をかけている」と思い、「生まれてきて、すみません」と言う人もいる。彼らは自殺を選ぶケースが多いが、そのようなことは、むしろ他人に迷惑をかけることになる。彼らの両親や友達は悲しみ、死体を見つけた人は精神的なストレスを受け、警察の仕事を増やすことにもなる。

私たちは他人に迷惑をかけること、人のお世話になることを恐れる必要はないと思う。「お互いに迷惑をかけあい、助け合い、依存しあう」生き方もいいのではないでしょうか。

◇「忖度」は日本文化の美徳です

中国　周孝誠（立命館大学大学院・留学生。25歳）

　昨年から「忖度」という言葉が度々マスコミに登場し、一躍日本中の流行語になった。一連の政治問題の影響を受け、日本人の忖度に対するイメージが大きく悪化した。忖度は良くないこと、と多くの人がそう思っている。しかし、一連の政治問題に登場した忖度は忖度のあるべき姿ではない。忖度は日本のかけがえのない文化だ。

　忖度という言葉は単なる言葉ではなく、日本文化の一部である。忖度とは、他人の気持をおしはかることである。他人の気持ちをおしはかることは日本文化の醍醐味の一つである。忖度は日本人の生活の隅々まで存在している。京都では「お茶漬け、いかがですか?」と聞かれたら、「そろそろ帰ってください」という意味が含まれているらしい。そのようなやりとりは忖度があるからこそ成立する日本ならではのコミュニケーションである。

　しかし、今まで日本人はあまり忖度を直視することなく、その存在に慣れてしまった。忖度する側は忖度しているという自覚はなく、忖度される側も忖度されているという自覚はない。忖度がいつの間にか当たり前のことになってしまった。

しかし、本来、忖度は日本文化の「美徳」であり、「義務」ではない。忖度する側の人間も、忖度される側の人間もそれを自覚しなければならない。昨年、注目された政治問題は、忖度から目を逸らしたことが一連の問題の原因の一つだと思う。

日本人はこれからも様々な場面で忖度するだろう。他人の気持ちをおしはかることは決して悪いことではない。問題は忖度という行為に対する自覚があるかどうかである。無自覚のまま忖度してしまうと、他人に自分の気持ちを押し付けることになるおそれがある。忖度される側の人間も、他人の忖度に無頓着ではなく、忖度する側の気持ちを逆に忖度する気配りが必要ではないか。そうすれば、忖度の存在が認識され、物事は良い方向に向かうだろう。

忖度は英語に訳せない言葉と言われている。なぜなら忖度は日本ならではの言葉であり、日本人が誇るべき文化である。しかし、使い方を誤ると、忖度は諸刃の剣になり、物事に悪影響を与えることもあるだろう。日本人は、「忖度」を文化として直視して、活かすべきだと思う。

◇「人生の自己実現」を目的とした日本の教育

中国 劉人歌（駿台外語&ビジネス専門学校・留学生。27歳）

教育の目的は良い成績を取ったり、良い大学に行ったりすることではありません。自分の生き方を考えることや自分が社会の役に立つことと同時に、自らも幸福を与えられるためであるべきです。

中国と日本の教育の違いがあります。

一つは、中国は、成績重視で宿題が多いです。そのため、日本以上に主要科目の成績を重視し、子どもも大人も成績の良い子を評価する傾向が相当強いです。クラスでも、成績の良い子を前に配置して、後ろの方の子は、先生からあまり構われない場合も残念ながらあります。しかし、日本では、成績がそんなに良くなくても、スポーツがよくできるとか、リーダーシップがあるなどの理由で評価される子も多いと思います。

二つは、親もストレスが多いです。中国の親は子供がやった宿題をチェックしてサインするように求められます。先生は親にＳＮＳで宿題の内容を伝えて、監督を徹底させることが多いです。少しでも成績を上げるために子供を塾に入れる親も多く、幼稚園児や小学生の中には、ピアノやダンス、美術、スポーツなど様々な習い事をしている子供もたくさんいます。

ストレスが最高潮なのは高校時代です。日本の高校では、放課後の時間が早く、アルバイトもできます。学校で髪型は自由、化粧もできて、恋愛も阻まれていない学校がほとんどです。ところが、中国の高校生は夜遅くまで学校に通い、夜10時くらいに全ての授業が終わるのが普通です。小学校から高校に至るまで、全ての教育は大学入試のためにあります。日本と異なり、二次試験はなく、基本的に一発勝負のため、それにかける思い入れは並大抵のものではありません。睡眠時間まで削って必死に勉強するので、恋愛や自分の趣味など、受験勉強以外のことは全部禁止され、ストレス最高潮の高校時代となります。

中国の教育と違い、人生に関わる日本の教育は、学生に生きる力を高め、将来を見つめ、自らの生き方を考える力を育成していると思います。日本の教育は「人生の自己実現」を目的としています。それは、中国が見習わなければならない「教育の真のあり方」ではないでしょうか。

◇美しい文化＝「すみません」と「ありがとう」

ベトナム　ホアン・ラン・アィン（タイビン医科薬科大学卒業・病院実習中。22歳）

「ありがとう」、「すみません」。それは、初めて教えてもらった日本語です。「日本人がよく使うから覚えてください」と先生に言われました。私は日本語を4年間勉強していますが、やはり日本人は「ありがとう」「すみません」と言うのが好きだと思っています。そして、どうして、日本人は「すみません」ばかり言うのだろうと考えました。

日本語を初めて学んだ日、漢字が覚えられなくて、自分にがっかりしました。その時、先生は「ごめんね、日本語は難しいね」と言いました。私が下手なだけなのに、どうして先生が私に謝るの？とびっくりしました。

ある日、先生に故郷のお土産をあげました。先生が「すみません。ありがとうね」と言いました。その時、私は、先生はお土産がいらないのかと、ちょっと戸惑いました。でも、それは私の考えとは違いました。先輩に聞くと、なるほどとわかりました。

日本人は「すみません」はよく使う言葉です。いろいろ使い方があり、一つは悪いことをしたり、ミスをしたりして謝ることです。二つは誰かに尋ねたり、物を注文する時に使います。三つは「すみません」は「ありがとう」と同じ意味があります。他にも、誰かを手伝う時に「すみません」と言うケースもあります。「すみません」と言っても、謝る時の「すみません」の意味とは限りません。場面によって日本人は柔軟に使うことができます。

「ありがとう」もよく使う言葉です。私は日本に行ったことがないけど、日本の番組を見て、とてもびっくりします。どんな店でも、どんなレストランでも、どんなサービスでもお客さんが帰る時、「ありがとう」と言ってくれます。毎日の生活でも家の中でよく使っています。日本語を勉強していない妹も日本のアニメが好きでよく見ているので、「ありがとう」の意味を知っています。「ありがとう」と言う言葉は日本人のコミュニケーションに欠かせないと思います。私の国では、「ありがとう」と言うと「よそよそしく感じさせるきらい」がありますが、日本人はその言葉をいつも使って、相手を尊重します。

日本では、「ありがとう」や「すみません」を1日に何度も聞くことは珍しくないです。日本人のコミュニケーションの特徴です。私にとって、それは「日本人にしかないとても美しい文化」だと思います。

◇日本語の柔らかさを伝える外国語を！

中国　李帥辰（大連理工大学城市学院。23歳）

２０２０年東京五輪を迎える日本は世界に注目されている。この数年間、円安などの原因で訪日外国人観光客（インバウンド）の数は年々激増し、人気の観光スポットはもちろん、狭い薬局でも免税手続きを待つインバウンドが大勢いる。

去年の冬休み、家族と関西へ旅行に行った。初めて日本語を勉強した時、先生に日本人の性格が地域によって異なっていることを教えてもらった。もし「二つの単語で関西イメージを述べて」と聞かれたら、前なら一秒も考えず答えられたのは「お好み焼き」と「熱心」であった。しかし、今は「熱心」という点は、見直す必要があるようだ。

何故かというと。関西空港の税関を出て、ベルトコンベアの近くで荷物の出るのを待っていたとき、各国の言語で書いてある「インバウンド客へのお願い」の電子ボードが目に入った。前は一度も見たことがない内容が私の目に映った。本当に不思議だと感じた。一番受け入れにくいのは、この「願い」の中身だ。中国語の部分を日本語に訳すと、何か失礼な形になった。

「日本は静かな国で、インバウンドは電車で静かにしてください」という内容である。まだ飛行機から降りてまもなく、本番の旅行がはじまっていないのにと思った。これは「願い」というより、「命令」ではないだろうか。周りの初めて日本へ来た中国人の観光客たちもこれを見ながらがっかりした顔をして呟いていた。

僕は日本語の学習者として、多少言葉の表現している意味も分かる。日本民族の特徴は「和をもって尊しとする」こと。島国で調和を実現するには、人々はある程度のルールを守ってお互いに協力することは欠かせない。しかし、外国人にとっては、それをすぐ理解するのは難しい。電車に乗るマナーもその一つだ。インバウンドの多くは、日本が好きな外国の人たちである。国の文化によって、話す声の大きさも違う。中国では大きい声で人の質問に答えるのが元気で熱心な表現である。

どうすれば、日本語の柔らかさを込めた外国語で、インバウンドに「お願い」を伝えられるだろうか。日本の皆さんに考えて頂きたいと思う。

◇列に並ぶ文化」を見習いたい！

ベトナム　グエンティ　フォン（技能実習生・岐阜県在住。26歳）

技能実習生として、金属製品の造形や加工、検査などをしています。日本に来て印象に残ったことがたくさんありますが、一番は日本人が「列に並ぶ文化」です。

これは日本の人々の意識から社会的な習慣になりました。日本に来る前に、数十メートルも人が並ぶのを見たことがありませんでした。私がベトナムで人気がある物を買いたい時並ぶとします。人々は騒ぎ、混乱します。私が大人しく行列に並んで待っていたら、最後まで買うことはできません。

日本では、老人から若い人まで、どこに行っても、静かに真剣に順番を待っています。世界のほとんどの国では待ち時間や行列が嫌いですが、日本人は秩序正しく行列し、誰もそれを不快に感じません。

日本人にとって、幼少時からの習慣だと思いますが、外国人は驚き、「行列の文化」に憧れます。

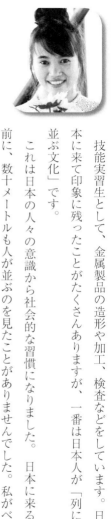

日本人の行列の習慣には、いろいろな要因があります。まず、自然な考え方ですが、人が並んでいると何か良い物があるような気がする、という人間心理が動きます。そして、並んでいる人たちは、自分自身や他人の時間を尊重して、社会的な規範も示して、列に並ぶというルールをきちんと守ります。

日本では、行列は、交差点、バス停、地下鉄駅、店舗、列車などよく見ることができます。行列に並ぶことが大嫌いな日本人もいっぱいいいると思います。しかし、待つことを不快に感じる人にいません。

2、3年前に、インターネットの動画で、東日本大震災の時のエピソードを見ました。地震被害者でもある10歳の男の子が半ズボンだけを履いて寒い中で食べ物の行列に並んでいました。その子が一人で行列の最後にいるので、救援チームのメンバーが食料を与えて、すぐ食べるように勧めました。しかし、受け取った後、その食料を配給していた人のバスケットに入れて行列に戻り、また待っていました。その子は「他の多くの人がおなかをすかしているから」と答えました。

その子供の話は、私達大人がしなければならないことを考えさせてくれました。世界中が見習う価値のある文化であり、日本人が称賛される美しさとなる。

「行列の文化」がベトナムの文化になるように、私も何かしたいと考えます。

◇「チームワーク」を教えてくれてありがとう！

スーダン　バヤン・アリ（ハルツーム大学。25歳）

日本は、本当に私たちに驚きと魅力、そして愛情を感じさせてくれる国です。

戦争の災難ののち再び復興し、世界の国々に劣らない文明を築き上げることができました。私は彼らから全ての人間は人生において役割を持っているということを学びました。人間の重要な役割は、社会において活動的な一員になること、そして真剣に社会の復興と成長に貢献することです。

私の母国スーダンと日本は、地理的距離があるにもかかわらず、日本は私たちの危機に立ち向かうために多くの支援をしてくれています。日本が私たちに与えてくれたすべてのことに、私たちは感謝しています。わたしはきっとこの関係は将来の世代にも広がると確信しています。

私は特別な経験をしました。この経験は私の人生で偉大な教訓をくれました！

私は2017年に、「日本の文化を紹介する文化祭」に参加しました。文化祭の日本人の責任者は非常に厳しく、そしてとても細かい人でした。その日、私は早く会場に来て、残りの参加者を待ちました。しかし、私は参加者が真剣ではないことに気付きました。そこで、私は「これはみんなの前で自分の能力と努力を示すチャンスだ」と思いました。そこで、私は来たのはいいけれどやる気のない参加者の目の前で、一人で仕事をやり終え、責任者のところに行きました。責任者は私に不思議そうな表情を見せました。私は今も、彼のその表情を思い出すことができます。そして、なぜか私を参加者のもとへ連れていきました。私は責任者が何を望んでいたのか分かりませんでした。なぜ、まず私のことを褒めてくれなかったのでしょうか？

そして、彼は、私に言いました。「グループのメンバーは誰も、あなたのように、もしくは、あなた以上に働くことはできないと思いましたか？　この文化祭の目的は最良の結果を導き出すために、あなた達がみんなで一緒に働くことです。あなたは根本的に考え方を変える必要があります」。

最初に私は、責任者のことを不公平だと思いました。しかし、時間の経過とともに、私はこの経験の意義を理解することができました。「チームワーク」の大切さを教えてくれたのです。「チームワーク」は日本文化の中心であり、成功と卓越性の理由の一つです。この日、学んだことは、今後、私の中に常にあり続けるでしょう。日本に「ありがとう！」と伝えたいです。

◇アラブの文化は美しくて平和です

レバノン　ジャマール　サラフ（レバニーズ大学。21歳）

日本語を勉強し、日本人と話す方法を学ぶことは小学校の頃から私の夢でした。

いつも「侍」がかっこいいと思っていたし、覚えづらいですが、漢字もとても綺麗です。高校の頃から自分で日本語学習を始めました。その間、日本の文化について多くのことを学びました。〝富士山、東京、大阪、千本桜、ラーメン〟。そして、日本の文化がどれだけ豊かであるかということに驚いていました。

しかし、私が見つけた問題は、日本人は外国に行くことを夢見ていながら、外国人と関わることが怖いことでした。私の意見では、日本は宝物のようであり、日本文化を変えることはこの宝物を破壊するようなものですが、日本は文化交流のない国になってはいけないと思います。日本人へのメッセージは、ヨーロッパやアメリカ人たちだけでなく、アラブ人とも交流をすることがよいと思います。アラブ文化はとても豊かで、アラブ人は日本に憧れているので、この二つの文化交流はとても有益です。日本では、人口減少の問題があり、結婚は減少しており、新生児も減少しています。

アラブの国と日本の文化交換が進めば、両国に大きな利点があります。日本はアラブ人労働者を雇うことができ、日本にアラブからたくさんの観光客が来ます。一方、アラブ人は日本のチームワークを学び技術や時間管理の分野で経験を積むことができます。

外国人を恐れる前にお互いを理解することが必要だと思います。文化と言語の違いが障壁になることは駄目です。これらは文化交流で解決できる問題です。先生や日本語学習センターの助けなしに日本語を勉強している多くのアラブ人のように……。なぜかというと、日本が好きで日本人を尊敬しているからです。外国人として、日本人と日本語で話をすることが普通なことになって、日本に行きたいアラブ人が多くなるといいと思います。

近い将来、アラブの国と日本との関係が両国の明るい未来を支えることができるようになるでしょうか？　日本語を勉強することによって、私は両国の架け橋になりたい。アラブの国や、少なくとも私の国レバノンは、日本人が手の届かない国ではなくて、親切な人と美しい文化を持つ国だということを伝えたい。そして、日本人にはアラブの文化はとても美しくて平和な文化だということを伝えたいです。

◇高校生に「英語オンリー」の授業を！

ドイツ　アジョ・エミリー・アデレ（レバニーズ大学。17歳）

私はドイツから日本の千葉県立千葉東高等学校に10カ月間留学しました。その留学生活を振り返って、日本の高校生に言いたいことがあります。それは「英語について」です。

留学中、日本の高校生に英語で話し掛けると、手を振りながら「英語を話せない」と言いました。最初はそれを信じていたのですが、友達が文法的に完璧な文章を書いたのを見て、驚きました。なぜ、あなたたちは英語の知識があるのに話せないのですか、と疑問に思いました。

それは授業中に、能動的なコミュニケーションが足りないので、彼らにとって「英語は苦手なもの」と考えるようになったのだと思います。外国語の勉強には、積極的に取り組むことが一番上達するポイントだと思います。例えば、私がドイツで日本語を学んでいた時、なかなか上手になる感じがしなかったのですが、毎日、日本語で話すことを頑張ったら、だんだん上達しました。

英語の授業中も、先生方は文法の説明を度々日本語でしたり、生徒もよく日本語を使っています。このように、高校生は少ししか話さないで英語の授業を受けています。それでは話す練習の切っ掛けがだんだんなくなります。日本の高校生は大学受験のために、文法を沢山覚えなければならないけれど、外国語を話せるようになるために、理論より実践が大事であることも忘れないようにして欲しいです。

高校生が「英語を話せる」と言えるようになるために、日本の学校は英語の授業を英語オンリーに変えるのがいいと思います。生徒にとって、良い刺激になります。とりあえず「I can't speak English」という言葉の影に隠れないで、自分の力からを信じて、外国語で会話をしたら、色々な人の見方を理解して、世界が広がります。

最初は難しですが、英語オンリーのコミュニケーションを少しずつ積み重ねていけば、英語で話せることを実感できると思います。間違えることは良いことです。その間違いを生かせば、必ず上達するからです。英語のコミュニケーションを、楽しみながら頑張ってください。

◇自分を育ててくれた「競技かるた」

ハンガリー　サボ・ダニエル（カーロリ・ガシュパール・カルビン派大学。23歳）

日本語の勉強を始めてから、代わり映えしない毎日が明るくなった。毎日を楽しくしてくれたのは「日本」であり、日本に対する感謝の気持ちを込めてこの作文を書いてみた。

今となり、弟の影響で始めた日本の「競技かるた」に出会ってからもう2年も経つ。母国のハンガリーでただの遊びでやっていた小倉百人一首を用いる「かるた」は、1年間留学していた日本の岐阜大学でいつの間にか本気の趣味になり、ちょうど留学した年に創設された岐阜大学競技かるた同好会に1期生として入られた。

岐阜県かるた協会の強い選手達からアドバイスをもらったり、元名人の川瀬会長と試合ができたり、全国の大会で準優勝して初段になったり、短い時間で貴重な経験がたくさん出来た。スポーツが苦手な私がこんなにも成長できたのは、「岐阜大学競技かるた同好会」のみんなが私を温かく受け入れてくれ、そして、この世界で育ててきてくれたおかげだと強く思っている。

この「かるた部」は、今までなかった私の本当の居場所であった。新しい出会いに溢れたかるたの世界に入り、「かるた」と部活の仲間と非常に充実した1年間の留学を過ごした。

「瀬を早み　岩にせかるる　滝川の　われても末に　逢はむとぞ思ふ」

（百人一首　崇徳院）

好きな歌の1つである。

川の流れが岩にせき止められ、2つに別れても、またいつか1つになれるように、離れ離れになった仲間たちもまたいつか会える、という意味である。

辛い別れの後には必ず再会があるという希望の歌である。

日本やかるたの仲間を離れるのは寂しかったが、またいつか「かるた部」のみんなと一緒に日本の大会に出られることを楽しみに、頑張る！

◇自己主張する若者に会いたい

中国　馬　可（南京師範大学。21歳）

私がはじめて日本語を勉強して、ドラマやインターネットで、日本の社会や文化に触れた時、日本はとても静かなので驚いた。日本の電車の中は非常に静かで、ほとんどの乗客が携帯電話をマナーモードに設定したり、小声で話したりして、静かにしようという意識を持っている。また、日本人は悪い事をしなくても「すみません」や「ごめんなさい」と言い、挨拶する時に頭を下げ、お互いを尊敬することが一番大切な習慣と考えているようだ。

他人に迷惑をかけない、社会や自分の属する集団の「和」を保つために、日本人はいつも色々なルールをきちんと守っている。明文化された規則があれば、人々が自覚的に遵守する暗黙のルールもある。国民のほとんどがルールを守るから、社会が比較的安定して、人間関係が円滑にいっている。しかし、社会における調和を重んじると当時に、規則にこだわらずに、一人ひとりの個性を伸ばすことも重要だと思う。

今、過労死は深刻な社会問題となり、多くの人の関心を集めている。「残業した人間が評価される」、「早めに退勤する人は向上心がない」という残業が良しとした暗黙のルールも、過労死を招く一つの理由ではないか。我々は自由に自分の生き方を選ぶ権利があり、相手にどう思われるか気にしすぎないで、自分が信じる道を歩むのが大事だ。だから、規則にこだわって悩んでいる日本人は、他人の目を気にしないで、自己主張を貫いでほしい。

また、日本人は言語より、心で物事を感じることが多いようだ。日本人同士の間には暗黙のルールで、すべてを言わずに心が通じる。しかし、外国人にとっては、暗黙のルールを理解するのは難しい。時には、日本人が冷たいという印象が残ることもある。私は日本人に中国語を教えたことがある。時々、一緒に食事をする。しかし、私はいつも、距離感を感じる。日本人はもっとおしゃべりになり、自己表現をして自分の感情をはっきり表す方がいいと思う。

私は、日本人の礼儀正しさが好きで、日本人のように他人の気持ちに「思いやり」を持つようになりたい。しかし、ルールにこだわらず、率直に自己の思いを表す日本の若者に出会いたい。

◇特に、若者は「無理しないでください」

オーストラリア　ティファニー・イング（ニューサウスウェールズ大学。20歳）

「無理しないで」という言葉を初めて聞いたのはいつだっただろうか。小学校五年生から日本の文化に興味を持ち続け、今年で日本語との付き合いは9年になった。しかし、ちょうど1年前、あるアニメかドラマの台詞を自分の声で出した時、初めてこの言葉の重さを感じられた。「無理しないで…」と私は繰り返した。英語でも中国語でもこのような深い意味で使われている言葉はない。

一見、普通に家族や親が言いそうな言葉に聞こえるが、実は日本の社会にとても必要とされている、よく使われる言葉なのだと思う。

日本は文化や歴史が豊かだが、現在の日本の社会には見えない圧力がある。その極端な例は自殺だ。１９７８年からの統計にでは、20代以上の自殺者は徐々に低下したが、19歳以下の年間自殺者数は、年間５００～６００人で横ばい状況が続いているという。政府は自殺対策を実施したにもかかわらず、この現象はなぜ続くのだろうか。ある調査によると、未成年の死亡の原因は健康問題、学校問題、家庭問題が多いそうだ。

SNSやメディアの影響といった、この世代にしか現れない様々な理由で数が減らないのだろうか。礼儀や責任感という大事な価値観をきちんと子供に教えているのに、なぜ問題を解決できないのだろう。理由は。世界や時代は常には変わっていくからだ。最早、侍気質の価値観は必要されてない。昔からの価値観は無論大事だが、新しい態度や解決方法を見つけなければならない。

日本人は幼い頃から我慢や礼儀を教わってきた。だから、自分の意見を言わないか、悩みや相談があっても、人に迷惑をかけないように感情や言いたい事を胸に秘めることもある。日本人は恥ずかしがらずに、自分のことを優先したり大切に思ったり、困ったことがあれば誰かに相談をする、という気持ちを持つことだ。

インターネットのおかげで世界はグローバルになったので、日本人はもっと物事を広い見地から見て考える方がいいと思う。いろいろな対策を実施することも必要だろう。しかし、目に見えない、社会の圧力を若者にかけていることにも注意すべきだ。そして、若者に「無理しないで」という言葉をかけて、未来の希望について話い合うべきではないかと思う。

◇「何度も立ち上がる」日本の力

ブラジル　宮部マルコス武志（フェーヴァレ私立大学。25歳）

日本という国は多様な特徴があります。教育に関しては世界的に優れている国で、経済に関しても安定している国なのです。ここまで大きく発展した日本は、教育の重要さを理解して、そこに力を尽くした結果だと思います。

自然では、日本は四季における景色の美しさを多様な表現で、世代を超えて伝えています。テクノロジーでは、日本は世界的に大きく貢献しています。例えば、ゲーム業界、アニメ、漫画、自動車製造会社などは世界的に高く評価されています。

しかし、日本は不幸な経験もあります。第二次世界大戦での広島、長崎への原子爆弾投下、また自然災害では、東日本大震災や土砂災害、台風、そして、最近も、北海道で続いている地震など、国民は苦しさ、悲しさ、困難を背負っています。それでも日本人は様々な困難にたいして、避けずに戦い、何度も潔く立ち上がることができました。立ち上がるたびに、日本は国として進歩しています。困難を目の前にしても立ち上がる「力」の源は何でしょうか。

ブラジルに生まれ育った日系の私は、母国と日本との関係が深いことをいつも感じています。ブラジル人は、勤勉な日本人を見て、信用できる人だと判断し、「ジャポネース・ガランチード（信頼される日本人）」という言葉を作りました。困難と向き合った日本人移住者はそれを乗り越え、ブラジル社会から認められたのです。その「力」は、今も、日本人の血に流れているでしょう。

苦しい日々が来てもそれをうまく乗り越える日本人たち、要するにあなたたちの回復力（レジリエンス）は私たちにとって前へ進む力となっています。もう一つ、日本の魅力的なところは、人や自然に対する優しさです。経験してきた悲しみの中から学ぶ事を学んだ日本だからこそ、人や自然に優しく対応できたのだと思います。

何度も立ち上がる日本は、世界の人々に希望を与えています。途上国の私たちは、日本人が守っている日本をモデルとして学び、それを我らの国の進歩に生かしています。日本人の勇気溢れる生き方は、世界のたくさんの人たちの「力」になっています。ありがとうございます。

◇「入れ墨」の人も、温泉に入れてください！

ニュージーランド　ターナー　クリス（カンタベリー大学。20歳）

「入れ墨を入れている人でも温泉に入らせてほしい」ということです。多くの日本の温泉や旅館やプールでは、入れ墨がある人は、立ち入り禁止です。少なくとも、入れ墨が見えないようにしなければならないでしょう。でも、入れ墨はそれほど悪いでしょうか。

「たてまえ」という概念が存在する社会では、確かに自分のことがどう見られるか注意する方がいいと思いますが、入れ墨がよくないという意見が分かりません。「たてまえ」とは本物ではないようなこと、あるいは社会にみせる外の顔でしょう。しかし、「たてまえ」が良くても、その人が本当にいい人かどうか分かりません。だから、外のすがたを見ることだけで、いったいどんな人か、分からないでしょう。入れ墨があれば、それだけを見て、いい人かどうか決めるのは意味がないでしょう。

毎年多くの外国人が日本に旅行します。その外国人は日本と別の習慣があるので、入れ墨がある人は少ないと言えません。特にニュージーランドでは、人は自分の入れ墨をほこりに思います。

ニュージーランドの「マオリ」という先住民には入れ墨は大事な文化的なものなので、入れ墨は身元の一部であり、神聖な権利だと思われています。ですから入れ墨は悪いことではなく、むしろいいこととして思われています。少なくとも、伝統的な文化であるだけでなく、多くの人はかっこいいファッションだと思っているから、入れ墨はかなり人気があります。そのため、入れ墨がある人は多いです。そして、入れ墨があっても、ニュージーランド人はやさしい人として世界でも知られています。

ニュージーランドと日本はいい国際関係にあるから、ニュージーランド人はよく日本に行きます。しかし、もし入れ墨があったら、伝統的な日本の文化を経験したい、と思って、温泉に入ろうとしても、簡単に入れないです。日本が、入れ墨がある人をもっと受け入れたら、外国人が日本に対して持っている感情は、きっと今より良くなって、もっと多くの観光客が日本に行きたくなると思います。日本の近代的なイメージだけではなく、経済ももっとよくなると思います。

◇マダガスカルに日本企業を増やして！

マダガスカル　アンジアナンビニンツア・ヘリマララ・エメ（アンタナナリボ大学。36歳）

日本語を習い始めたのは14年前でした。日本の大学へ留学したいと思ったからです。11年前、マダガスカルにある日本の企業で一度働いたことがあります。「日本の世界」を体験してから、私の人生が１８０度変わりました。昔は自信を持てなかったし、恥かしがりやでした。

今は自信を持つようになりました。

日本人のやり方を何でも見習うようにしています。２０１４年から「日本語・話し手・マダガスカル人・教会」が毎年、マダガスカル全国囲碁大会のイベントをする時、「日本音楽ショー」をやっています。日本の女性アイドルグループの歌「ＡＫＢ48、ＳＫＥ48、ＮＭＢ48、乃木坂46」を紹介したり、ダンスをしたりします。来て頂いた皆さんが日本の芸能界のことを知ってもらえば嬉しいです。

ところで、マダガスカルでの日本や日本語の影響と言えば、三年前、アンタナナリボ大学で英語学部の中に日本語学科が設置されました。入学希望者が毎年どんどん増えています。特に、都会に住んでいる若者は日本のアニメや日本ドラマが大好きです。日本のアニメは人気があります。日本の歴史から日本文化まで、大学でいろいろ学んでいます。大学生たちは日本語の勉強に興味をもっています。それは、きっと将来に役に立つと思います。

ところで、日本へ行けるチャンスがいくつかあったのですが、いつもライバルがいて、なかなか行くことができませんでした。日本語の勉強は誰よりも情熱的で、熱心な気持ちがあります。前向きに我慢強く頑張っています。夢はいつか、あこがれる日本へ行くことです。マダガスカルと日本の関係がうまくいくことを強く願っています。将来は、日本の会社に就職したいと思っています。

マダガスカルは、東アフリカの中で日本語教育が進んでいる国です。しかし、日本語と関係ある仕事があまりありません。日本の企業は少な過ぎます。どんなに頑張っても、将来やりたい仕事ができるかどうか、不安がいっぱいです。

マダガスカルで、日本の企業を増やしてほしいです。日本との間で、新しい仕事の協力が出来たらいいと思っています。そして、日本の教育制度がマダガスカルの教育を改善することが出来たら、私たちの社会は大きく変化すると思います。

◇日本人男性との奇跡の出会いに「感謝！」

エジプト　アブデルアール・アハメド（早稲田大学大学院・留学生。32歳）

子供の頃からサッカー選手になる夢を追ってきた。しかし、一番の応援者であった父の急死をうけ、他の道を考えざるを得なくなり、就職するため専門学校に入学した。そこでの研修で、五つ星ホテルでのインターンを経験した。仕事中、レストラン前に並ぶ客を目にして、大変驚いた。エジプトには、並ぶという習慣がないからだ。なぜ、この人たちは並んでいるのか？　マネージャーに聞くと、彼らは日本人で、彼らの国に「並ぶ」という習慣があることを教えてくれた。

私は感動して、この日本人たちと関わりたいと上司に相談すると、『「こんばんは」と、日本語で挨拶してみたら』と言われ、さっそく試みた。日本人は皆、ニコニコしながら返してくれ、もっと関わりたいと思うようになった。そして、上司から、「ここで就職するよりも、君はまだ若いから大学に進学して日本語を勉強すれば、彼らの習慣も身に付くし、日本に留学にも行けるかもしれないよ」とアドバイスをもらった。それに従い、大学に進学して日本の文化センターでも片道3時間かけ、4年間、日本語を勉強した。しかし、大学卒業後も、自分の日本語力に満足できず、日本に留学することを決めた。

しかし、10カ月経っても渡航費さえ貯めることができず、物価が高い日本にどうしたら行けるのか、途方に暮れた。そんなある日、仕事先に一人の日本人のお客が入ってきた。その客から、ここで何をしているのか聞かれた。日本に留学するために働いていると答えると、彼は、「ここで10年働いても日本に留学するお金を貯めるのは難しい」と言った。私は、落胆しながらも働き続けるしかなかった。

数カ月後、彼から、連絡があった。「留学にかかるお金を貸すから、日本でバイトしながら、日本語を勉強したら」という話だった。この男性との奇蹟の出会いで、私は日本に留学を果たした。

来日後は、借りていたお金を返すために、学校の他、毎日5・6時間をバイトに費やした。4分の1ほど貯まった時、彼に返そうと連絡すると、彼は「自分に返すのではなく、社会に返して欲しい」と言ってくれた。私は、感謝の気持ちで涙が溢れ、卒業後は必ず社会に貢献することを誓った。

私に留学の機会を与えてくれ、お金を貸し応援してくれた彼、そして日本に心から「ありがとう」と伝えたい。

◇「若者言葉の乱れ」を受け止めて！

チリ　ポーレット・ドール（イナカップ大学。20歳）

時代の流れとともに、「最近の若者の言葉は汚い」、「敬語の使い方が間違っている」、「若者言葉が多く、日本の文化は失われている」という意見をよく耳にします。

そのような考え方は正しいのでしょうか。どんな言語でも、使われている言葉は生きていると思います。皆が気付かなくても、常に新しい言葉が生まれ、変化し、自然に皆の生活に馴染んでいます。言葉の変化は人間の進化に繋がり、言葉が変化していくという事自体が言葉の本質であるからこそ、言葉を一人の力で変化させようとしても変えることは出来ないし、逆に言葉の原型を維持しようとしても、言葉の変化が止まるわけではありません。

言葉の起源を考えてみよう。人類は相手に何かを伝えることを必要として初めて、言葉を通じて意思疎通を図りました。要するに、言葉は「生き延びるための道具」であるとも言えます。

時代、環境が変わるとともに、言葉もそれに合わせて変化していきます。例としては、インターネットの普及と共に「ググる」や「バグる」といった新しい言葉、いわゆる「造語」が自然に出てきました。そして、普及すればするほど、そのような言葉の使われる場面が多くなります。言葉は常に変化し、ニーズに適応していくということです。

若者言葉のことから考えてみても同じことが言えます。変化した言葉でなければ若者同士には伝わりにくいことが山ほどあります。最近では「かも」、「みたいな」、「微妙」、「ヤバイ」等、曖昧な意味を持つ言葉が沢山出てきました。それは何故かと言うと、若者が物事を断定したくないからで、曖昧な言葉を通じて空気を読み、良い対人関係を築こうとするからです。

それは日本の文化をよく表していて、礼儀正しさや敬語、日本人のおもてなし等、昔から相手に気を使って傷つけないように接することを大切にしています。相手のことを考えて行動するというのも日本人らしさだと思います。

私達は、「若者の日本語が乱れている」と非難するだけではなく、そこに、現代社会が反映されているのですから、若者言葉を真摯に受け止めて、必要があれば、改善していく努力をすべきなのではないでしょうか。

◇「永住者」にも選挙権を！

台湾　林秋華（主婦・神戸市在住。42歳）

２００８年、上海から台湾行きの「投票専用機」の隣の席に座っているのは同僚と上司たちだ。出張ではなく台湾の大統領選挙のために社長がこの飛行機を投票専用機として貸切った。空港に着いた途端、選挙時期独特の雰囲気に圧倒されて息苦しくなった。この時期のタクシーの運転手は各自の支持政党旗を堂々と車のフロントに挿している。乗客が支持している党と違えば乗車拒否される恐れもある。

4年1度の大統領選挙から地方選挙も含め投票率は約70％だ。当時、２０１０年代は海外で働いている台湾人の多くが選挙時期には有給休暇扱いで帰国でき、神聖な一票のために、政府が投票専用機まで都合してくれたのだ。今では海外の大都市に海外投票所を設置してある。社長の口癖は「海外で働いているからこそ自分の意志表明をして、しっかりと反映させないといけない」であった。そして、私もその時その時の経済政策にもろに影響される中小企業で働いているからこそ、国際的な視野を持つ自分の考えを、貴重な一票を届けようと毎年投票のために帰国していた。

ところが、市役所で働いている日本人の友人が、公務員で選挙当日は投票所の手伝いをしたものの、投票はしなかったという話を聞いて非常に驚いた。理由は「いい候補者がいない」、「誰に投票しても一緒」、「誰が当選しても政治は変わらない」だった。総務省の国政選挙における投票率の調査によると日本の投票率は50％ほどで先進国では低い。２０１６年から18歳選挙権制度を導入したが、18歳と19歳の投票率は50％以下だった。大切な権利を……。本当に残念なことだ。

私は永住権を持った台湾人だ。ただ悔しいことには一番大切な選挙権は与えられていない。私はささやかだが日本に貢献し、日本の政治の影響を受けながら暮らしている。日本国民と同様に、税金を払い、国民健康保険を使い、医療・年金制度や介護サービスに関する地方行政・厚生労働省による恩恵も受けている。日本の国の政策などに深く関わる生活をしているのだ。しかし、政策意思決定に左右する選挙には参加できない。日本国民は与えられた選挙権、国の政策形成過程に参加する権利を一人一人がしっかり行使して、永住権を持った外国人も選挙権があり、意見が反映できる「日本」を築いてほしい。

◇広い「心」をくれた日本語、ありがとう!

ウクライナ　リチンスカ・オリガ（リヴィウの国立工科大学の教師。34歳）

今年の秋、私はやっと日本語教師になりました。もう五年間日本語を勉強しています。長い旅ですね。今まで面白いですが、難しい旅でした。そして、これから先にたくさんのもっと面白くて、もっと難しいことが出てくると思います。

私は、日本語を勉強し始めてから、いつも自分は合理的な人と思っていたのに、「心」もある、ということが分かるようになりました。「心」は何ですか。胸ですか。あるいは頭ですか。心は不思議なものです。たとえば、「ココロがいたい」といっても、本当に心臓が痛いという意味ではなさそうです。「胸が狭くなって、息も苦しくなる」ことのようです。悪いときもいいときも、「心」はよくそんな風に痛いです。何かあったら、いつも「心」が感じられますが、言葉で説明をすることは難しすぎます。

「心」は「小さい部屋」のようなものだと思います。五年前、私の部屋の中には壁がありました。でも、少しずつ宝物のようなものが、この部屋に現れてきました。日本語です。私にとって日本語の勉強は外国語の勉強だけではありません。日本語は新しい世界のように、私の前に広がっています。大学で熱心に勉強していて、時々何もしたくない時もありますが、日本語を勉強している時はいつもやる気があります。

「心」にはいいことも、よくないこともあります。日本語のおかげで失敗の味も知りました。JLPT（日本語能力試験）の試験に落ちてしまった時、私は弱い人間だとがっかりしましたが、一所懸命頑張って勉強しています。これも私の「心」の一部になりました。

私の「心」はもう壁だけある部屋ではありません。たくさん大切な気持ちがありますから、自分の「心」を大切に守りたいと思います。人生は長い旅ですね。楽しくて面白い旅です。今年の夏、旅行中に、とても大きい木を見ました。思わず足が止まりました。上を向いて高く伸びている強力な木です。その時、私は「もし、この木を心の部屋に植えたら、どんな形になるだろうか」と考えました。その時から、私は、「狭い心」の人には絶対になりたくないと思いました。

大事な「日本語」といっしょに青空に向かって歩いて行こうと思います。

その気持ちをもらった「日本語」に、ありがとうございます！

◇美しい日本で「やりたいこと」を見つけた！

ブルガリア　イヴァノヴァ・デニツァ・ディミトロヴァ（ソフィア大学・21歳）

もしもし、日本。久しぶりだね。「こんばんは」と言いたいけど、そこはもう朝だよね。８９０４キロはそんなに遠いのだろう。遠いながら、なぜか近いと感じている。朝早く目を覚ますとどこかからセミのミンミン、夜寝る前にイノシシの鳴き声とかまた聞こえる。これは全て私の頭の中にあるかな。

神戸大学に1年間、留学し、帰国してから、2カ月過ぎた。日本の各地を旅行して、日本の四季の美しさに感動した。時間が飛ぶように過ぎる。もう10月、だんだん寒くなる。去年10月にあなたと初めて出会った。驚くほど蒸し暑くて、雨が止まらないようだった。その後、奈良の吉城園で眺めた紅葉は、全部が赤で染められていた。本当に「奇跡だ！」と思った。

時間が経つにつれて、冬が来た。実は、その頃、初めて母国が懐かしくなった。雪が降れずに、その寒さは私にとって不思議だった。だから、雪が大好きの私は長野に行った。雪まみれの街に導かれて、善光寺の前に着いた。壮大なお寺と後ろの山の景色は想像以上にきれいだった。それから、暖かくなるにつれて、桜がようやく咲き始めた。花びらがひらひらと舞い落ちて、広島県の太田川の水面に浮かんでいた。

次は、また夏が来たね。その夏、寝られないほど暑くて、ひどかった！　35度とセミの絶え間ないミンミン以外、ふらふらしていた私は今まで一番良い夏を過ごした。人魚になれなかったのに、沖縄の透明な海で、泳ぎを楽しんだ。そして、花火、お祭りと流れ星の思い出を決して忘れない。

日本、これ全部覚えてる？　あなたと出会う前に、なかなか忙しくて、咲いている花の美しさを気付かなかった。または、虫の鳴き声が聞こえなかった。夏の星空は暗い空だけだった。あなたのおかげで、小さな物を楽しめるようになって、私がやりたいことを見つけた。卒業したら、日本での修士を目指すつもりだ。国際文化学に興味を持っているので、将来ブルガリアと日本の関係を改善するための仕事をやりたい。

色々経験したし、様々な人に出会って、幸せだ。その1年間は心の中にずっとある。約束だ！　色々ありがとう！　また今度ね！

◇好きになった！「頑張って下さい」

スペイン ハビエル パラウ アンドレス（神戸大学・留学生。21歳）

私がスペインから日本に留学し、最初のころに覚えた言葉が「頑張って下さい」だった。最初は、その言葉を言われると、励ましの言葉であっても嫌だった。もう十分頑張っているのに、と思いながら「頑張ります」と答え続けていた。しかし、なぜ嫌だったのか、考えてみた。

私がそのタイミングで期待していた言葉は「Ｇｏｏｄ ｌｕｃｋ」だ。同じ状況で使われる励まし言葉であるけれど「頑張って下さい」と「Ｇｏｏｄ ｌｕｃｋ」の意味合いは真逆だと思う。

「頑張って下さい」ならば、自分の努力だけに結果がかかっている。頑張れば何でもできるという意味を持つと同時に、失敗した場合は自分の努力が足りなかった、自分のせいだと考えがちである。その結果、同じことに再挑戦する場合がよくある。

では、「Ｇｏｏｄ ｌｕｃｋ」はどうだろうか。まず、結果は１００％自分だけにかかっていないよ、という言葉だ。自分以外の要因が運命、その日の調子、神様の手伝いなど人によって山ほど考えられる。一方で、失敗は自分のせいではないと考えがちなので、同じことへの再挑戦をあまりしない傾向がある。そういった違いがあるため「頑張って下さい」か「Ｇｏｏｄ ｌｕｃｋ」を聞くとき、私の気持ちも真逆だ。「頑張って下さい」と聞くとプレッシャーがかかるのに対して、「Ｇｏｏｄ ｌｕｃｋ」を聞くとリラックスする。プレッシャーの状態でより良い結果を出せる人もいるし、リラックスすることこそ自分のベストを尽くせる人もいる。言葉に価値観と文化が現れるのだ。

今後日本で、ラグビーワールドカップや特に東京オリンピックなどの国際的なイベントが行われる時、違う文化の人々とのコミュニケーション能力が不可欠だ。それは言語能力に限らない。相手の文化と考え方を理解して、初めて相互理解が生まれる。自分の文化を当たり前と考えずに深く知り、外国人に説明できる力と、広い心をもって世界の様々な文化や考え方を知ることが大切だ。言葉そのものを理解するのではなく、人を互いに理解し合う視点が大切だ。

私は最初「頑張ってください」と言われると嫌だった。しかし、日本の文化を理解してから視野が広くなり、今、「頑張って下さい」と言われると面白いし、好きになった。

◇ウォシュレットに見る日本人の真面目さ

中国 王　阳（通遼市第三中学。17歳）

2、3年前、中国人観光客が日本で炊飯器や温水洗浄便座などの電化製品を爆買いすることがブームになった、というニュースを知りました。その後も、しばしば近くの人たちが日本に電化製品を買いに行く話を聞いて、思わず一つの疑問が生じました。中国の消費者がわざわざ海外に行ってまで買うほど、日本商品の品質が優れているのかということです。

その疑問を持って、私はネットで日本の「ウォシュレット」の機能について調べました。その結果、自分は日本製温水洗浄便座のきめ細やかな機能に驚かされました。その設計は先端技術を十分に生かして、それに人にとても優しいです。全世界どの国でも及ばない能力を持っています。便座を使用する際は本体の側面にある捜査ボタンで操作できます。その便座を温める暖房機能と温水で局部を洗い乾燥する機能があります。局部洗浄も、おしり洗浄とビデ洗浄に細かく分けています。また、使うときだけ瞬間的に便座を暖めたり、温水にする節電機能もあります。外に、排せつ音を消したりする為に、音楽が流れる機能や、自動的に悪臭を抑える脱臭機能も優れています。

そういうような優れた便座が日本の8割以上のトイレに設けられています。まさに驚きです。そして、なぜ日本のトイレは全世界に誇られているのか、それからなぜ便座ブームが生じたのか、その理由も十分わかりました。ウォシュレットから日本人の「真面目さ」が十分感じました。

でも、こんな優れた便座に対して、訪日外国人からの戸惑いの声がまだ聞こえます。例えばボタンが多すぎて、操作方法が分からないなどです。すると、これらの問題を解決するために、日本政府は「日本トイレ大賞」まで出して、地方自治体も精いっぱいトイレ改修に乗り出しています。

こうして、日本のトイレはますます完璧になってきました。更に、日本のトイレは世界一だと言われるようなものを2020年に目指しているそうです。

もともと、アメリカが最初に医療に温水洗浄便座を開発したのだが、日本で独自の進化を遂げて日本独特のものに変えてしまいました。そこが日本のすごいところです。

トイレを見れば、その国のレベルが分かります。ウォシュレットから、日本人の「真面目さ」と「すばらしさ」がつくづく分かりました。

◇「外国人共存ニッポン」で第4次開国を！

ベトナム　グエン・クアン・ジェウ（日越大学地域研究プログラム。27歳）

世界は「第4次産業革命」と呼ばれるデジタル変革時代を歩んでいる。同時に、日本は、「第4次開国」を迎えている、といえそうだ。

「開国」は、「鎖国」の対義語として、外国との交流を行うことを意味する。海に囲まれた島国である日本の歴史を遡ってみると、これまで3回開国が行われ、それぞれの開国では海外の国々から何らかの体制や政策の様式を学び、積極的に適用し、著しい成果を収めてきた。

第1次開国は、7世紀の中頃に行われた「大化の改新」から始まった。「大化の改新」は、政治改革のことであり、当時隆盛を極めていた中国の唐王朝の「封建国家」様式を初めて日本に導入した。それ以降、日本は宗教や言語など多くの面で中国から様々な影響を受けた。

第2次開国では、16世紀末から海上貿易ネットワークの拡大によって、日本は西洋の国々と出会い、その中でオランダを最も重要な戦略的パートナーとし、オランダの経済様式に接触することができた。

第3次開国では、19世紀から、「脱亜入欧」そして「脱亜超欧」という思想の誕生とともに、日本はアメリカの様式を学んだ。20世紀中頃からは、アメリカの傘下で世界が驚く経済大国になった。

しかし、21世紀に入り、そのように輝いていた「日本勢」が衰退しつつある。とりわけ、少子高齢化が深刻に進んでいる現在では、若者の姿が徐々に消えており、これからの産業と社会の担い手は外国の人材供給源に期待せざるを得ない。近年、勉強あるいは仕事の目的で来日する外国人は増加の一途をたどっている。ある調査によると、東京では新成人の2人に1人が外国人の区もあるという。日本の生命は様々な面で外国人と不即不離の関係にあると言ってもいい。

このように、「外国人依存ニッポン」ということは、日本の第4次開国のスタートになるかもしれない。ただ、その前の3回の開国と違い、外国から学ぶだけではなく、日本が中心である姿勢を持たなければならない。「外国人依存ニッポン」ではなく「外国人共存ニッポン」こそが、この第4次開国の最終的な目的でなければならない。2020年の東京オリンピックで、その姿を見せることができれば、第4次開国への扉にもう一歩近づくだろう。

今、日本語と日本文化を勉強している私は、皆さんと一緒にその扉を開ける役割を担いたい。

◇若者は年配の方から教えてもらってください

エジプト　ハーティム・ナーギ（アスワン大学。20歳）

小学生の時、日本は頻繁に自然災害が起こる国だと教えてもらいました。そのとき、日本人はそんなに大変な条件でどう暮らしているか知りたくて、インターネットで調べ始めました。思いがけなかった事に、日本は様々な分野で世界の先進国の一つであり、経済状況も強いと知り、凄く感銘を受けました。大変な状況や問題を抱えているのに、どうして先進国なのか？　どうやってこんなに発展出来たのか？　私は日本人の精神が素晴らしいからだと思っています。

様々な情報を知って、私は日本が好きになり、日本人に憧れ、日本語を学びたい意欲が出て、アスワン大学日本語学科に入学しました。多くの世代の日本人の考えを聞くことが出来ました。そして、年配の方と若者の考え方の間に、大きな違いがあるのを見つけました。

日本の若者は、日本語を使用せず英語を使う事が多いです。例えば、「機会」を「チャンス」と言います。また、欧米に憧れてる人も多いです。8人の友人に、将来の夢について聞いたら、5人がアメリカへ行きたいと答えました。私は、唯一の被爆国である日本は、アメリカが大嫌いだと思っていましたので、びっくりしました。日本人が寛容であるのは知っていましたが、これ程だとは？　広島や長崎の事を忘れているのか！　と思いました。

逆に、年配の方は、言葉に英語は殆ど入っていませんでした。また、アメリカが嫌いな方が多かったです。これは多分、「アメリカ政府が嫌いだ」という意味でしょう。

日本の年配の皆様は、若者に沢山のご助言をお願いいたします。そして、日本の若者は、年配の方から聴いて、沢山教えてもらって下さい。アメリカの文化や流行に憧れ、ハマる気持ちも分かりますが、そのうちに大切な物を失ってしまうかも知りません。日本社会のために何をするべきか考えてみて下さい。

大きな問題が二つあります。一つは、盲目的に欧米社会に合わせようとすることです。二つは、若者と年配の方の考え方のズレが激しくなっていることです。世界中には、私のように日本を愛し、応援している人が沢山います。もっと平和で明るい素敵な社会が作れますように。

◇「日本人の群れには入りにくい」？

中国　劉悦汐（福州大学。21歳）

「日本人の群れには入りにくい」――長崎大学に留学した時、日本人は外国人の私にとても親切にしてくれたが、ある先輩の言葉が、ずっと気になっていた。

留学生歓迎会で、日本人学生2人と出会い、連絡先を交換することになった。「友達ができて嬉しいな」と喜んだが、1人の友達はまったく連絡をくれず、二度と会うことはなかった。もう1人の友達とはお祭りに行ったが、その友達は、他の日本人とのお喋りに夢中で、私をかまってくれなかった。

中国人同士が友達になると、何でも気軽に話し合う。でも、日本人と友達になると、「見えない壁」があるようで、何かよそよそしい。日本人との活動に参加しても、「知り合い」が増えるだけで、仲間にも友達にもなれない。変な感じだ。私は、どんどん疎外感を募らせ、「日本人の群れには入りにくい」という先輩の言葉を繰り返す日々を送った。

でも、そんな私に全力で接してくれたのが、チューター（留学生の相談に乗ってくれる学生）

の女性だ。最初は話しかけられても、「どうせ私に興味ないでしょ」と思ったが、悩みを熱心に聞いてくれ、映画や遊びに誘ってくれるたびに、私の疎外感は徐々に癒されていった。彼女の正直な心に触れたからだ。そして、私が長崎を離れる時、なんと彼女は、隣の町からわざわざ見送りにきてくれた。「ウサギと花柄」のハンカチを持って。——バスが来るまでの間、悲しみを紛らわすために、私たちは普通の話をした。でも、こらえきれず「さびしいね」と私が口にすると、彼女は震える声で「戻ってきてね、絶対に」と言い、私をそっと抱き締めてくれた。そこで感じたのは、お互いの心が一つになったような温かさと安心感だった。

別れた後、バスの中で彼女がくれたハンカチを見ると「日本で待ってるから。その時まで元気で」という一言が目に入った。その時、私は涙をこらえられず、「ともだち」という言葉をひたすらかみしめたことを、今でも覚えている。「日本人の群れには入りにくい」という先輩の言葉は、確かにある程度当たっていた。しかし、私たちは「日本人」全体と付き合うわけではない。「あの日本人」や「この日本人」と付き合うのだ。

先輩の言葉をこう変えよう。「日本人の群れには入りにくい。でも、心で繋がる日本人は必ずいる」。この言葉を、今後日本に留学し、日本人と「ともだち」になりたい後輩達に伝えていきたい。

◇「伝統とルールと個性」の調和を学びたい

中国 衛雅坤（大連工業大学。19歳）

私は２０１７年から日本語を勉強し始め、日本と日本人への見方が少しづつ変わってきた。日本語が少し分かってくると、日本語の雑誌をたどたどしく読むことができて、日本文化への理解も広がった。

片言の日本語しか知らない時期の私は、日本人に対する知識が非常に少なかった。中国の歴史ＴＶドラマや日本のアニメを見て、大和民族はなんと矛盾だらけの民族なんだろう、と感じていた。

日本には、「茶道」、「着物」、「盆栽」、「造園」など、たくさんの伝統的な文化があることに驚き、そして、伝統文化と今風の日本人の若者のファッションや生活スタイルが、非常に対象なものだと感じた。すると、益々日本文化と日本人への興味がわいてきた。

昨年、機会があって一度日本へ旅行に行くことができた。町中の日本人若者を見てびっくりした。私が中国で想像していた日本の若者のイメージとは大きく違っていた。

若い男性が髪の毛を茶色だけでなく色とりどりに染めて、耳にピアスをつけていたのです。男のピアスは当たり前のようです。耳だけではありません、鼻や唇にまでに穴をあけてピアスをつけていたのにには、本当に驚きました。想像の中の日本人は特別目立つのが苦手で、個性のないファッションや生活スタイルをしていると思っていたが、実際に見てみると、全然違っていた。

個性があるとは言え、町中の日本人は非常に社会ルールを守っています。例えば、交通信号や交通ルールを守ること、ゴミ捨てのルールを守ること、エスカレータの左に立って右側にスペースを空けるようなルールを守ることなど、大人から子供まで誰でも当り前のようにしていた。

日本は、他国の先進的なところを吸収しものすごく現代的な一面があるが、一方で、伝統を守る一面もある。日本人の家作りや生活スタイルをみるとよく分かる。例えば、日本人の家に「洋室」と「和室」の両方がある家庭が多い、また、祭りの時は、必ず伝統的な服を着て、伝統的な形式で行う。

日本に対する認識はまだ一面だけだが、何より自分の目を通して、異国文化に対する勉強ができた。

日本の「伝統とルールを守る文化」と「個性的な文化」の調和を、これから、もっと学びたい。

◇女性がもっと住みやすい国に

中国　曾富莉（湖南文理学院芙蓉学院。20歳）

新聞やニュースアプリを通して、私たちは毎日のように日本に関するニュースを見ることができます。その中には当然、良いニュースもあれば、悪いニュースもあります。

私が最近気になったニュースは、東京医科大学の入学試験で、大学側が女子受験者の点数を低く採点したというものです。私はこのニュースを見たとき、本当に驚きました。アニメやドラマではない、現実の日本社会で、女性の立場は一体どのようなものなのだろうと疑問に思いました。

また、日本では結婚をする時、女性が自分の姓を男性の姓に変えるという法があります。夫婦別姓の可能性も議論されていますが、まだまだ反対意見も多いようです。私はこの話を初めて知ったときも、やはり驚きました。このような法は、女性の生き方にとって非常に不便であり、迷惑なものではないでしょうか。せめて、姓を変えるか変えないかを、女性自身が自由に選べるようになればいいと思います。

女性に優しくない社会は、日本だけではありません。中国でも同じです。中国では、最近とてもおそろしい事件が起こりました。ある若い女性が「滴滴」という配車アプリを使って友達の誕生日パーティーへ向かう途中、運転手に強姦されて殺されたのです。事件のあと、被害者の女性のＷＥＩＢＯ（中国でのｔｗｉｔｔｅｒのようなアプリ）が発見されました。そして、その中にセクシーな服を着ていた写真が投稿されていた、という理由で、彼女にも落ち度があったと被害者の女性が責められることになりました。

日本においても、中国においても、女性の地位はまだまだ低いです。私は両国が女性にとってもっと住みやすい国になってほしいと思います。もちろん、地球上に完璧な国などひとつもありません。完全無欠なものは単なる理想に過ぎないです。けれども、完璧な国に向けて、努力を重ねて徐々に接近することはできるはずです。日本も中国も、個性的な魅力を持った国です。わたしはこの二つの国がそれぞれの個性を残しつつ、よりすばらしい国になってくれることを願っています。

◇19年の10連休で海外旅行へ

フィンランド　トーマス・マキネン（アアルト大学。27歳）

北ヨーロッパのフィンランドに今まで住んでいて、海外旅行はかなり簡単にできて頻繁に行きました。

日本には今まで、何回も行ったことがあって、何十人の日本人と知り合って、日本と海外について色々学びました。２０１４年10月から2回、合わせて1年3カ月、金沢大学に留学していた時に、かなりびっくりしたことがあります。数人の大学生（20代）は、日本から海外へ1回も行ったことがなかったということでした。

海外旅行はお金的に難しいことはあると思いますが、多くの日本人の場合はお金の問題ではなく、社会人はただ仕事で忙しくて、海外旅行をする余裕がまったくないというケースが多かったです。

日本は、年に何回も週末が祝日で3連休になりますが、わずか3日で島国の日本から、海外旅行するのは難しいようです（特にアジア以外の国へ）。海外旅行に行く時は、基本的に一週間以上は必要だと思いますが、多くの日本人は3日か4日の旅行しかできないことはとても残念だと思います。時間の余裕があまりないのであっちこっち急いで行って、せっかく海外へ来ているのに現地の風景や料理、伝統などに十分に触れることできずに、逆に疲れてしまいます。

ところで、最近のニュースによると、２０１９年には、今まで一番長い連休が与えられる可能性が高いそうです。

日本政府は来年の新天皇即位のため、２０１９年のゴールデンウィークの5月1日を祝日にするということです。もし祝日になったら、２０１９年のGWは10連休（4月27日～5月6日）になって、多くの人の場合、年に一番長い休みになるでしょう。普段は休みがなかなか取れない日本の社会人に最大の海外旅行のチャンスが与えられるではないでしょうか。もちろん国内旅行でもいいと思いますが、せっかく10日間の休みが取れたら、いつも行きたかった海外の国にゆっくり訪問するのはいかがでしょうか。

10日間旅行の場合は、往復の移動時間が全部で2日かけても着いてから1週間以上の時間でもっとゆっくり現地のものとことが楽しめるし、心も休まるでしょう。同時に海外に関する知識も深まります。一般の社会人なら、しばらくの間、二度とこういうチャンスが来ないかもしれません。

今回はぜひ日本から遠くのヨーロッパ、アメリカなどに長い海外旅行をしてみてはいかがでしょうか？

◇数秒にかける相撲から学んだ「生き方」

中国　王若瑄（淮陰師範学院。20歳）

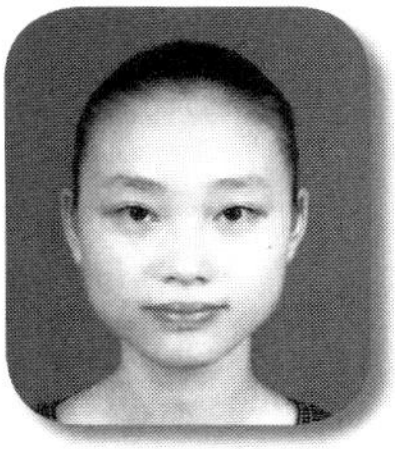

私が初めて相撲に接したのは高校生の時でした。ある日、テレビで相撲の番組をみるきっかけがあり、その面白さと、力士たちの巨大な身体の割に、極めて柔らかな身体の動きに驚きました。それは実に不思議なスポーツの一つで、その時から相撲に興味を持つようになりました。

相撲との出会いがあったためか、大学の専門を日本語科にすることにはまったく違和感がありませんでした。昨年から日本語を学び、日本の文化により深く触れるようになってから、以前から興味を持っていた相撲についていろいろ調べることになりました。そして、なぜ相撲がこんなに日本人に人気があるのかについて、一人の日本語学習者の立場から考えてみました。

未熟ながら私の考えは次のようです。まず、相撲は圧倒的な存在感とパワーを放つことで、観客に元気を与えます。特に私は力士がその巨大な体をしなやかに動かし、数秒のうちに勝負を決める姿は、言葉にならない達成感と喜悦を感じます。しかも、小さな体の力士が大きな力士に勝つことは、「日本の国」の魅力に通じると思います。

次に、相撲文化は昔中国から日本に伝わったものとされていますが、日本が丁寧に相撲文化を守ってきたところが魅力的です。日本は地理的に小さな島国として、歴史や文化の面で中国を含め他国の影響を多く受けてきました。そのため日本人は、他国の良いものを積極的に吸収し、かつ常に大事にしようとする心があるのだと思います。相撲文化からは、小柄で知られる日本人が相撲からパワーをもらい、より強くなっていこうという願いがあったのではないでしょうか。

しかし、相撲の世界が大変厳しいことも知りました。力士たちは、体重を増やしながら、厳しいトレーニングを続けなければなりません。最近はモンゴルなど外国人力士が多く、彼らの大きな身体に比べると、日本人力士は優位ではありません。

私は日本人が敬う「相撲の心」を持った横綱の競技が見たいです。日本語を勉強し始めて一年、相撲のパワフルで勝利のために戦い続ける精神は、常に私を元気付けてくれます。「数秒のために全力で邁進する相撲の精神」から、私は「生き方」を学びました。

◇世界に誇れる「ごみの分別」

インド　サロポッダー・スワラリ（プネ大学。20歳）

宇宙から見ると地球は様々な色があり、とても美しい浮かんでる玉のように見えます。でも、その美しさは最近広がっているゴミの問題のせいで徐々になくなっていると思います。数十年後には、地球はゴミばかりになる恐れがありそうです。

しかし、日本はこの問題を乗り切るために一生懸命頑張っています。今までどこにもなかった「ゴミの分別」という新しいアイデアや法則を世界に紹介しました。ゴミの問題について深く考えている国は日本しかない。ゴミの種類を様々な性質に分けて、新しい法則を作って分別するのはすごい。日本はどんな問題が起こっても、その問題を解決しています。

日本はゴミの分別をして、それぞれの価値守って、環境を良くしようと努力しています。日本人はみんな、この法則を真面目に守って、自分の義務として、日本の国が綺麗になるように頑張っていると思います。日本のゴミの分別は世界に誇れます。日本は技術の進歩とともに、ゴミの問題でも世界に貢献して、影響を与えているのはすごいと思います。

私は、ゴミの分別のアイデアに感奮されて、それを大学で日本語の展覧会のテーマとして、ゴミ分別のアイデアを紹介しました。見に来たお客様は、このような法則があることも知らなかったので、みんな、日本はすごい、と思って心をこめて褒めてくれました。日本と同じレベルで、インドでゴミの分別をするのは難しいですが、それが出来ればインドもきれいな国になると思います。

日本はいつも環境問題を解決するためにいろいろなアイデアを考えながら、そのアイデアを次々と実現していることは素晴らしいです。世界中の人々が、みんな同じように考えて行動すれば地球が守られると思います。

日本は、ゴミの分別を続けていけば、将来、ゴミの問題がなくなる可能性がありそうです。そして、そのように世界中のゴミも少なくなって欲しいです。

これからも、「環境問題を解決するために新しいアイデアで世界に影響を与え続けてください」。今まで、いろいろ教えてくれた日本に感謝したいです。

あとがき

世界で日本語を学んでいる若者たちが～「日本」、あるいは「日本人」に言いたいことは？～をテーマに書いた「6793編」の内容は、多種多様だった。

日本への期待、注文、苦情、そして、感謝。日本語や日本、日本人との関わりを通して感じた率直な気持ちが、どの作文にも綴られていた。

読後の感動が消えない。

一編、一編が、日本語を学んでいる世界の人々の「日本と日本人への愛」に包まれていた！

私どもは、平成の30年間に、「留学生」を対象に5回、「中国の大学生」を対象に16回、そして、「世界の日本語学習者を対象に2回、、計23回の『日本語作文コンクール』を行った。

寄せられた「日本語の作文」は、3万7836編に上った。

応募者一人ひとりが、「日本語を通して」、日本との絆を、さらに育んでいくことだろう。

平成元年にスタートした私どもの「日本語交流活動」は、今年3月で30年を迎えた。

5月に、『世界の日本語学習者と歩んだ平成の30年間』を「日本僑報社」から出版します。

平成31年4月22日　　大森和夫・弘子

■編著者の略歴

大森 和夫（おおもり かずお）

昭和 15 年（1940 年）東京都生まれ。

東京都・九段高校卒。早稲田大学第一政治経済学部政治学科卒。

朝日新聞記者（大分支局、山口支局、福岡総局、大阪・社会部、政治部、編集委員）を経て、平成元年（1989 年）1 月、国際交流研究所を開設。

大森 弘子（おおもり ひろこ）

昭和 15 年（1940 年）京都府生まれ。

京都府・西舞鶴高校卒。京都女子大学短期大学部家政学科卒。

京都府・漁家生活改良普及員（地方公務員・3 年間）。

「季刊誌【日本】」、「日本語精読教材【日本】」、「日本語教材【日本】」、【新日本概況】、「デジタル版・日本語教材『【日本】という国』」の編集長。

※　※　※

〒190-0031　東京都立川市砂川町 2-71-1-C621
（サンシティ立川昭和記念公園）
E メール＝yuraumi@yahoo.co.jp
URL＝**http://www.nihonwosiru.jp/**（国際交流研究所）

「日本」、あるいは「日本人」に言いたいことは？

第二回・「世界の日本語学習者『日本語作文コンクール』」

「入賞作文」65 編

平成 31 年 4 月 30 日　初版第 1 刷発行
編著者　大森 和夫（おおもり かずお）、大森 弘子（おおもり ひろこ）
発行者　段 景子
発売所　日本僑報社
〒171-0021 東京都豊島区西池袋 3-17-15
TEL03-5956-2808　FAX03-5956-2809
info@duan.jp
http://jp.duan.jp
中国研究書店 http://duan.jp

2019 Printed in Japan.　ISBN 978-4-86185-280-0　C0036

自宅・四畳半で「二人三脚」！

「世界の日本語学習者」と歩んだ 平成の30年間

夫婦の「第二の人生」は「日本語」だけの〝草の根交流〟

「不屈の信念と情熱で30年間を駆け抜けてこられたご夫妻の姿」 ――川村恒明氏
（元文化庁長官、元日本育英会理事長）

「凛然と輝くご夫妻の一生の偉業」
――鈴木恒夫氏（元文部科学大臣）

「日本理解を推し広める貴重な礎」
――野村彰男氏（元朝日新聞アメリカ総局長）

編 著	大森和夫・大森弘子
定 価	2200円＋税
ISBN	978-4-86185-273-2
刊 行	2019年

『日本』って、どんな国？

初の【日本語作文コンクール】世界大会101人の「入賞作文」

「日本再発見！」の新提言

54カ国・地域の約5千編から
優秀作101編を一挙掲載

世界の日本語学習者による、初の日本語作文コンクール世界大会入選集。日本語を学ぶ世界の人々だけでなく、日本人にとっても驚きと感動の「新鮮！日本」に出逢える1冊。

編 者	大森和夫・大森弘子
定 価	1900円＋税
ISBN	978-4-86185-248-0
刊 行	2017年

中国の大学生の「主張と素顔」
もう 日本を恨まない 夫婦の「日本語交流」十九年間の足跡

日本語学習、歴史問題…中国若者たちの日本への思い

中国の若者に「日本と日本人」を少しでも理解してもらい、一人でも「日本嫌い」を減らし「日本ファン」を増やしたいと願って夫婦で始めた「日本語交流活動」。その19年の足跡と中国の若者たちの声を届ける。

編 著　大森和夫・大森弘子
定 価　2500円＋税
ISBN　978-4-86185-064-6
刊 行　2007年

戦後70年・これからの日中関係を考える
中国の大学生1万2038人の心の叫び

日中の「歴史認識」の「壁」をなくすには？

テーマはずばり「戦後70年・これからの日中関係を考える」。国際交流研究所の大森和夫・弘子夫妻が行った大規模アンケート調査に答えた中国172大学・1万2038人の“心の叫び”を一挙収録！

編 者　大森和夫・大森弘子
定 価　1800円＋税
ISBN　978-4-86185-188-9
刊 行　2015年

日本人が作った**「日本語教材【日本】」** 感想文コンテスト入賞作67編

日本に対する偏見が解けてゆく

中国の大学生（日本語科）が想う「日本」とは？

夫婦で発行・寄贈する日本語教材『日本』への感想文コンテストに、中国の108大学から3023編の応募があった。中国の大学生たちの日本への率直な思いと熱いメッセージが伝わる入賞作67編を収録。

編著	大森和夫・大森弘子
定価	1800円＋税
ISBN	978-4-86185-176-6
刊行	2014年

中国の大学生が心にかける **日中の絆**

「日中の絆」を深めるには？

2012年の日中国交正常化40周年を記念し、中国の日本語学習者を対象に開催された「日本語1,000字提言コンテスト」から入賞作56編を収録。24年間の「日本語交流活動」を通して、「日本人に知ってほしいこと」が見えてくる。

編者	大森和夫・大森弘子
定価	1800円＋税
ISBN	978-4-86185-135-3
刊行	2012年

日本僑報社のおすすめ書籍

日本語と中国語の落し穴
用例で身につく「日中同字異義語100」
久佐賀義光 著　王達 監修
1900 円＋税
ISBN 978-4-86185-177-3

中国語学習者だけでなく一般の方にも漢字への理解が深まり話題も豊富に。

日中文化DNA解読
心理文化の深層構造の視点から
尚会鵬 著　谷中信一 訳
2600 円＋税
ISBN 978-4-86185-225-1

中国人と日本人の違いとは何なのか？文化の根本から理解する日中の違い。

日本の「仕事の鬼」と中国の〈酒鬼〉
漢字を介してみる日本と中国の文化
冨田昌宏 編著
1800 円＋税
ISBN 978-4-86185-165-0

ビジネスで、旅行で、宴会で、中国人もあっと言わせる漢字文化の知識を集中講義！

中国漢字を読み解く
〜簡体字・ピンインもらくらく〜
前田晃 著
1800 円＋税
ISBN 978-4-86185-146-9

中国語初心者にとって頭の痛い簡体字をコンパクトにまとめた画期的な「ガイドブック」。

日本語と中国語の妖しい関係
〜中国語を変えた日本の英知〜
松浦喬二 著
1800 円＋税
ISBN 978-4-86185-149-0

「中国語の単語のほとんどが日本製であることを知っていますか？」という問いかけがテーマ。

日中中日翻訳必携・実戦編IV
こなれた訳文に仕上げるコツ
武吉次朗 編著
1800 円＋税
ISBN 978-4-86185-259-6

「実戦編」の第四弾！解説・例文・体験談で翻訳の「三つの『お』」を体験。

日中中日翻訳必携・実戦編III
美しい中国語の手紙の書き方・訳し方
千葉明 著
1900 円＋税
ISBN 978-4-86185-249-7

日中翻訳学院の名物講師武吉先生が推薦する「実戦編」の第三弾！

日中中日翻訳必携・実戦編II
脱・翻訳調を目指す訳文のコツ
武吉次朗 著
1800 円＋税
ISBN 978-4-86185-211-4

「実戦編」の第二弾！全36回の課題と訳例・講評で学ぶ。

日中中日翻訳必携・実戦編
よりよい訳文のテクニック
武吉次朗 著
1800 円＋税
ISBN 978-4-86185-160-5

実戦的な翻訳のエッセンスを課題と訳例・講評で学ぶ。

日中中日 翻訳必携
翻訳の達人が軽妙に明かすノウハウ
武吉次朗 著
1800 円＋税
ISBN 978-4-86185-055-4

古川 裕（中国語教育学会会長・大阪大学教授）推薦のロングセラー。